北京名所览记

[日] 肋川寿泉　编著

李　蕊　卢茂君　译

知识产权出版社

全国百佳图书出版单位

图书在版编目（CIP）数据

北京名所览记/（日）胁川寿泉编著；李蕊，卢茂君译. —北京：知识产权出版社，2017.4

（民国时期北京日文文史资料翻译丛书）

ISBN 978 - 7 - 5130 - 4670 - 1

Ⅰ.①北… Ⅱ.①胁… ②李… ③卢… Ⅲ.①北京—地方史—史料 Ⅳ.①K291

中国版本图书馆 CIP 数据核字（2017）第 045452 号

内容提要

该书是民国时期北京日文史料系列丛书之一，以日本人的视角详细记载了 1920 年前后北京城及北京近郊的历史风貌。

书中涉及 40 余项名胜古迹，并配有相应的照片及说明，直观地展现了当时的历史状况。读者从该书可以窥见当时北京城的地理、人文以及普通百姓的日常生活。此外，书中还介绍了天津城区概况和周边交通情况，为研究民国时期的京津地区历史文化留下了弥足珍贵的文献资料。

责任编辑：冯 彤　　　　　　　　责任校对：王 岩
装帧设计：张 冀　　　　　　　　责任出版：刘译文

北京名所览记

[日] 胁川寿泉　编著

李　蕊　卢茂君　译

出版发行：知识产权出版社有限责任公司	网　址：http://www.ipph.cn
社　址：北京市海淀区西外太平庄 55 号	邮　编：100081
责编电话：010 - 82000860 转 8386	责编邮箱：fengtong@cnipr.com
发行电话：010 - 82000860 转 8101/8102	发行传真：010 - 82000893/82005070/82000270
印　刷：北京嘉恒彩色印刷有限责任公司	经　销：各大网上书店、新华书店及相关专业书店
开　本：880mm×1230mm　1/32	印　张：6.25
版　次：2017 年 4 月第 1 版	印　次：2017 年 4 月第 1 次印刷
字　数：104 千字	定　价：38.00 元
ISBN 978-7-5130-4670-1	

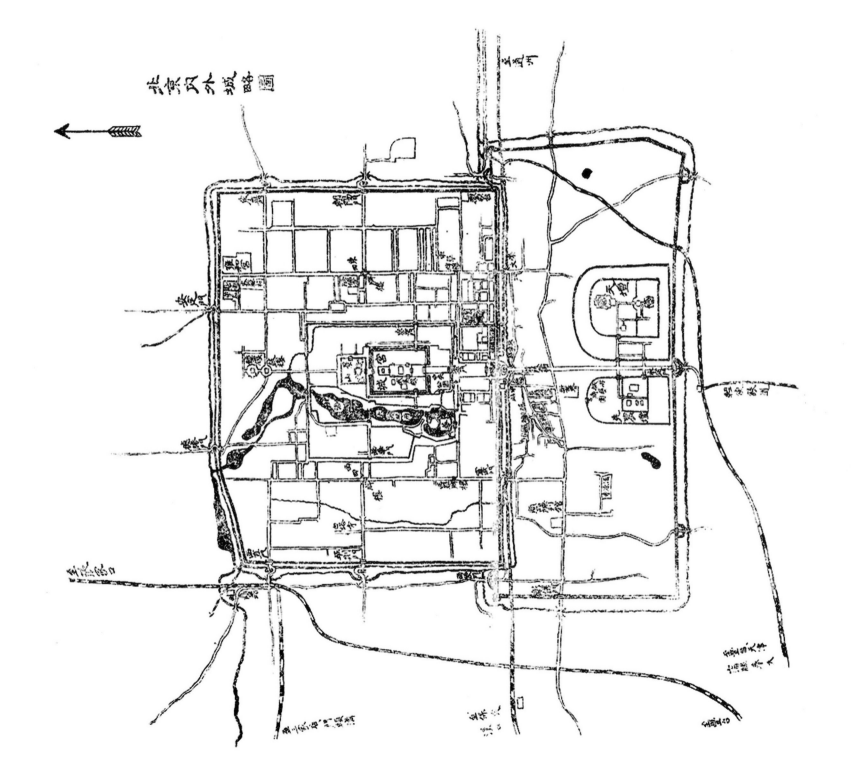

北京双外城略图

北京大学

中国大学

正阳桥与前门外大街

大总统府新华门

瀛台牣鱼亭

北京日本公使馆

（右·六国饭店）

（左·正金银行）

东交民巷大街

京奉铁路　　正阳门东停车场

京汉铁路　　正阳门西停车场

京绥铁路　　西直门停车场

中国的剧场

四牌楼

北京外城郭

北京的名妓

妓院入口的花名

北京義和公製玉廠

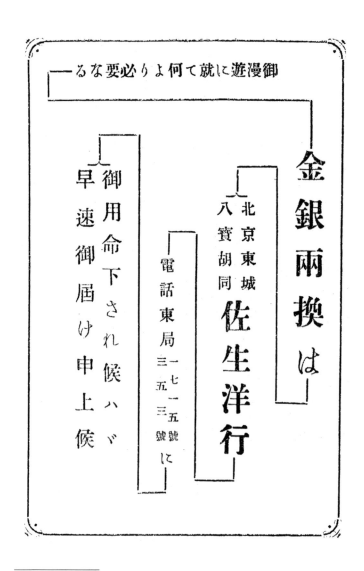

金銀兩換は

御漫遊に就て何りよ必要なる──

北京東城
八寶胡同
佐生洋行

電話東局一七一五號
三五三號に

御用命下され候ハバ
早速御屆け申上候

洋行广告。

營業種目

內外煙草　內外食料品

內外唐物類　內外化粧品類

日用品類　內外諸雜貨

北京崇文門大街

加藤洋行

電話東局一一三號

代理店

旭麥酒株式會社

東亞煙草會社

明治生命保險會社

唐宋五大家法帖發賣

洋行广告。

增築完成

會席御料理

幷に仕出し

すきやき、ソップ類

丼物、うどんそば

蛇の目ずし、ちらしずし

薄利多賣主義に候へバ多

少に不拘御用命次第早速

持參致候

北京東城羊肉胡同

二葉

電話東局二〇三號

北京名所览记（自序）

　　中国作为日本的邻邦，与日本有着最为密切的利害关系，所以受中国局势变迁影响最深的不是其他国家而是日本。因此，日本不能不图谋现在及将来最大的任务和彼此的利益，然后尽其本分。若欲谋划利益，那么精通彼此的言语文章自不必多说，还要相互往来、明晰熟悉其国情，且通过接触其地理、人情、风俗，坦率地交流思想。最近，世人逐渐对此事注目并深入研究中国，随着这一现象日益增多，如今在北京，在华侨居的日本人就多达一千余人。名士们在此地游览，接触熟悉当地风物也多了起来，不得不说这是两国最值得高兴的现象。此前对北京予以说明的指南欠缺，成为观光者最大的不便。因此，对于先熟悉北京风物、有一日之长的笔者便自觉不应推辞介绍之辛劳、不顾见识浅薄、文采不工，勉强付梓《北京名所览记》。在本名所览记做成之际，以之前停刊的《北京概观》❶为经、《中国

---

❶　全书脚注均为译者注。
　　花岗伊之作，德兴堂印字局，1907 年（明治 40 年）7 月。

文明史》❶为纬，涉猎其他与北京相关的著书并加之自己的见闻写成，平易近人，并且考虑了观光者的不便之处，仅此作为观光者的启蒙向导，若是为了深入研究北京的人而写，难免有过于散漫之嫌。此书是为北京观光者而作，若能够予其少许方便，说是光荣至极也不为过。

大正五年五月❷于燕京　胁川寿泉记

自先前编著本名所览记，作为观光者的启蒙向导，介绍了北京的概观以来，已经再版五回。从那以来，世道的变迁甚为急剧，今日用来，与局势大有不同之处，欲对其进行增删怎奈无暇顾及，唯感隔靴搔痒。他日再版，更有增删的机会。如能得到读者的谅解，万分荣幸。

在本书编撰之际，衷心感谢对本书从始至终的编纂材料的补给、印刷等给予指正并尽力的凹氏、平田氏和张氏的深情厚意。

大正九年十二月❸于顺天时报社

---

❶ 白河鲤洋、国府犀东著《中国文明史》，博文馆，1878 年（明治 11 年）6 月。

❷ 1916 年 5 月。

❸ 1920 年 12 月。

北京名所览记目录

第一章 总 说

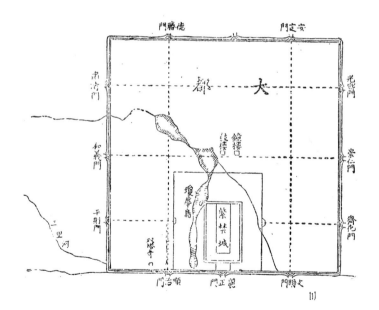

第一节　沿革

　　此地在唐尧的时代被称为幽都，虞舜的时代称为幽州，夏殷的时代属于冀州，到了周朝的时候，重新称为幽州，武王召公奭被封于此地，命名为燕。秦朝的时候将此地分为上谷、渔阳二郡，汉朝初年又被称为燕国，并且分别设置涿郡。元狩年中改号幽州，此后又称广阳或范阳，或称幽，或称燕。辽太宗在会同元年❶最初在此地建都，称为南京折津府，宋朝宣和年间改称燕山府❷。金贞元四年❸金主亮❹临幸此地，称为燕京，又称为中都，将折津府改为大兴府，将此地定为都城。元朝初年此地号燕京路，世祖至元四❺年在此地定鼎，在中都北三里建筑都城，改名为大都路。明洪武初年改大都路为北平府，永乐年间迁都此地，改北平府为顺天府，分为大兴，宛平二县，建筑京城，别称北京。清顺治初年定都北京，直至今日。

---

❶　公元 938 年。
❷　宣和四年（公元 1122 年）宋金海上之盟，以山前预置燕山府路。
❸　公元 1156 年。
❹　完颜亮。
❺　公元 1267 年。

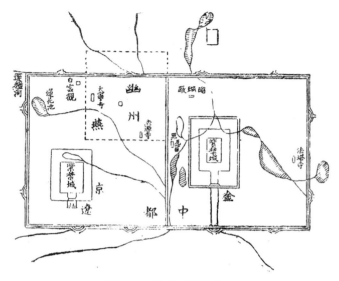

图 1-1　辽金时代的北京

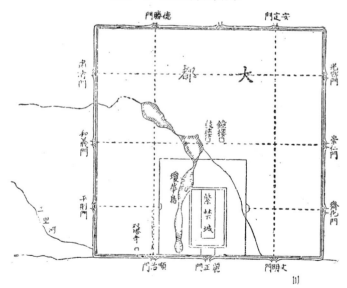

图 1-2　元朝时代的北京

第二节　形势

东围渤海，南控三齐❶，西拥太行山，北枕居庸关，确实是天下地势极好的位置，可谓神皋奥区之地。因此，辽、金从朔北❷进入并盘踞于此，也是元明清三朝的统治地。地势居于全国的中枢，东扼全满，北控全蒙，西联卫西藏，南牵制江南，居于全国的上游，真正可谓是应牵制天下的绝胜地势。并且，如今铁路通达，越来越成为优胜之地，即北面京绥铁路能够直通绥远城，东有京奉铁路直达东三省，从天津能够南转到江宁，西有京汉铁路能够到达汉口，西转到达太原府。真所谓是四通八达之地、中国建都的第一地点。

第三节　北京城

现在的北京城是自永乐十五年（应永二十四年　公元1417 年）六月开始动工，永乐十八年（应永二十七年　公

---

❶　古代山东地区名称，指临淄（今山东淄博市东北地区）、即墨（今山东平度东南地区）和博阳（今山东泰安东南地区）三地。

❷　泛指长城以北地区。

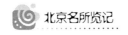

元 1420 年）十二月竣工的大工程。爱新觉罗氏从满洲兴起，明朝灭亡后登基，以明朝的旧城建都。到现代，北京城分为内外二城，内外都有坚固的城壁环绕，不得不为其壮大所震惊。内城周围四十华里、高三丈五尺五寸，城壁的地基处宽六丈二尺，城上宽五丈，周围有九门。以宫城正南方的正阳门为中央，东崇文门（哈达门），西宣武门（顺治门），北面的东部是安定门，西部是德胜门，东面的北部是东直门，南部是朝阳门（齐化门）二门，西面的北部是西直门，南部是阜成门（平则门）二门，城壁的四角各有一个角楼，内城壁的南北两面各二千二百三十余丈，东面一千七百八十余丈，西面一千五百六十余丈，能成为一个稍稍不正的长方形。墙壁上开有一万一千零三十八个枪眼，二千一百零八个炮眼，城壁的周围有护城河，有金城铁壁之称。世道不允许实现永远太平的梦。由于与外国交通开放，使得国势突变。咸丰十年（万延元年 1860 年）及光绪二十六年（明治三十三年 1900 年）固若金汤的北京城也不得不轻易地被外国兵蹂躏。如果攀登到城壁上，可以看到崇文门以西百步有德意志的炮台、以东百步有美国的炮台，这是趁义和团事变筑造的，宫城看起来几乎介于这两个敌国炮台之间。

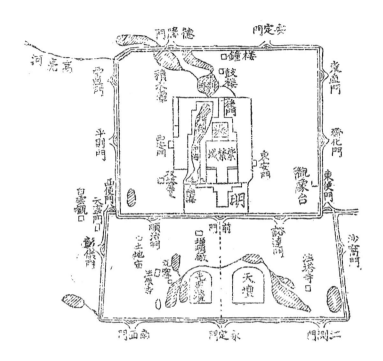

图 1-3 明朝时代的北京

北京城内以皇居为中心，将市街区分为东、西、北三个部分。东部大街是东单牌楼、东四牌楼；西部大街是西单牌楼、西四牌楼；北部是安定门大街、后门大街这两条大街。这些大街的中央能看到黄瓦的大厦高屋，即宫城。后方的小山就是景山，左边是北海的白塔。宫城内后方耸立的两座高楼一个是鼓楼，一个是钟楼。

外城在内城的后方，是一百三十二年前明朝嘉靖三十二年（文明二十二年　公元1553年）的建筑，当时计划在内城周围环绕，但是由于没有经费来源，其他三面并没有开工就停止了。外城环抱内城的南面，东西是长长的长方形，围绕现在前门外一带市街的城壁长二十八华里，有七扇门，正面的被称为永定门，以此以东是左安门、广渠门、东便门三门，西面是右安、广宁门、西便门三门。东、西、南三面分别测量的话，南面是两千四百四十余丈，东面是一千八百五十余丈，西面是一千九百一十余丈，高二十二丈，城址厚二丈，顶上宽一丈四尺。

内城作为皇城的中心，有很多王府官绅的府第，也是商业重地。外城专门是为了各地来京的商民所开放的，所以外城的市街被称为北京的商业区。前门大街、崇文门大街、顺治门大街三条大街直通南北；从广渠门到广安门的一条大街贯通东西。

内外城共同进行市区的改造，打开城门，修缮道路，扫除污物，街上洒水等，对于日渐文明的设施毫不怠慢，并且修理、涂换各楼门、门墙等的损坏，使得内外焕然一新。

第四节 人口及户数

在户籍法不完备的中国，了解北京人口的准数甚是困难。最近，警察厅调查的以下户数大体与实数接近：

内城户数十万八百九十四户，四十八万二千八百六十一人；

外城户数六万五千六百二十二户，三十二万八千六百九十五人；

共计户数十六万六千五百二十二户，共计人口八十一万一千五百五十六人；

其他没有成一户暂居人数约三十万人。

第五节 气候

极寒和极暑的气候几乎占据全年，温暖的春秋气候极短，正如脱下裘衣就要立刻换上葛服，变化急剧。所谓大陆性的气候，阴天、雨天极其稀少，饱受干旱的痛苦。而且风、尘是北京的名物，由于土地干燥，北风一到，浮尘飞舞，如烟一般包围了整个北京城。遮蔽了万丈黄云天的

沙土袭进室内，堆积在桌子上。下面以四季区分详细介绍北京的气候。

春

　　既没有黄鸟啼破梦般的春晓雅趣，也没有鸟语花香，而是满目荒凉。虽说如此，干燥的中国北方，经常晴空万里。朝日辉映东方之时，鸣銮的仙乐响彻高空，正如要打破春晚，弥补了自然美的缺陷，既爽快又有些许伤感。下午大多起风，胡沙漫漫，时而漫天，时而阴天。有时会幻化成所谓黄尘万丈的混沌世界。

夏

　　即使是荒凉的北京从晚春到初夏，也开始看到新绿，让萧条的北京天空焕发活力。初夏的城壁上树枝摇曳，新绿中间能远远看到灿烂的黄瓦。远眺西山苍翠朦胧的山景，会忘记自己身在异域。在炎热的酷暑，宅邸多数都会用天棚避暑。夏时，蚊子、白蛉等害虫袭来，甚为不快。

秋

　　中国北方一年中感觉最爽快的就是秋季了，所谓天高马肥的季节，不太冷也不太热。骑上驴马试着去郊外远乘等是最愉悦的了。如果凉秋八月去北京游玩，会醉心于这爽快的气息，忘掉一切。

冬

与春季风多相反，冬季反而风少，降雪也少。不会感觉难以忍耐零度以下十五六度严寒的痛苦。

第六节　流通货币

目前在北京流通的货币的种类是中国固有的元宝银、圆银、小银币、铜元及代表此类硬币的五种纸币。

一、元宝银

俗称马蹄银，虽然种类很多但平时很少使用，故省略说明。

二、墨银及圆银

墨银一称为鹰洋，是从墨西哥传入中国的。其形状与圆银类似，在一段时间内非常具有信用，在中国各地流通，数年前数量减少。现在天津造币局的铸造多以人头洋元及北洋元银来代替，广泛流通。其他还有香港政厅铸造的站人银，和北洋银相比，流通额极少。

三、小银币

小银币中有大洋钱和小洋钱两类，分为五角（中元）、二角（二毛）、一角（一毛）三种。小洋钱中还有五分的小银币，但一角和五分在市面上流通的甚少。

将一银元换成小银币时，按照十进率得到大洋钱，但小洋钱按照当日市价并不固定，一般是十二角。将一角与铜元交换时，大洋钱是铜元十四枚，小洋钱是铜元十一枚。

四、铜元

俗称铜子儿，有一厘、五文、十文、二十文四种，但一厘和五文流通较少。一般洋银一元对应铜元一百四十枚，根据市价的变动频繁，或者更多，或者更少。交换市价通常并不一定。

铜元在中国是流通最广泛的，从日用品的买卖到劳动者的赁银、车赁等，流通范围甚广。旅行者如不携带若干铜元的话，不仅会感到不便，大多还会招来损失。

五、制钱

在北京市面上使用很少，因此省略说明。

六、纸币

在北京市面上流通中非常重要的纸币如下所示：

△中国部分

交通银行纸币　中国银行纸币　北洋保商银行纸币

边业银行纸币　豫丰银行纸币　中华汇业银行纸币

△外国部分

正金银行纸币　汇丰银行纸币

花旗银行纸币　中法实业银行纸币

交通、中国两家银行的纸币除天津、张家口以外不兑换，所以市价不一定，经常在六十仙❶左右的市价上下不断浮动。其他的纸币和外国银行的纸币共同维持票记的价格。

有其他官钱局发行代替铜元的铜元票十枚、二十枚、五十枚、一百枚五种，因为携带方便受到欢迎，流通也很多。

第七节　各地间的里程（日本里）

北京到天津　三十九里❷　汽车三小时　马车二日

北京到通州　三里二十七町❸　汽车一小时

北京到山海关　陆行七十六里　汽车行一百一十里

---

❶　当时对百分之一鹰洋的音译称呼。

❷　此处的日本里是指 1891 年日本指定的度量衡法中规定的里，1 里约为 3.9 公里。

❸　日本的长度单位，1 町约为 109.09 米。

汽车十二小时

北京到奉天　陆行一百七十五里　汽车二日　马车十七日

北京到太原　一百二十八里二十八町　汽车二日

北京到开封　一百七十九里　汽车一日

北京到保定　三十六里　汽车三小时　马车三日

北京到正定　六十九里二十七町　汽车六小时　马车七日

北京到西安　二百九十三里

北京到济南　一百一十五里二十七町　汽车一日

北京到张家口　五十五里　汽车五小时

北京到汉口　四百零二里　汽车二日

北京到吉林　二百六十六里

北京到库伦　三百七十三里十八町

第二章　名胜古迹游览地

第一节　紫禁城

"不睹皇居壮，安知天子尊"❶，这是中国自古传承下来的说法。的确，内城中心景山的南面黄瓦灿烂的大厦高楼巍然耸立，压制四方。这就是中国主权者所居住的宫殿。其规模之大，建筑之壮大为世人所震惊。皇宫的正面是正阳门、中华门、天安门、端门、午门、承运门（原来的太和门）等。以承运殿（原来的太和殿）为首，体元殿（原来的中和殿）、建极殿（原来的保和殿）、乾清门、乾清宫、充泰殿、坤宁宫、坤宁门、神武门等威武庄严的大规模宫殿，并排排列的大门，结构极美。神武门的正北是景山。景山北面是地安门。从承运门到坤宁门之间被称为大内，大内左右是宫馆殿阁，南面是午门、北面是神武、西面是西华、东面是东华各门，这些门被称为紫禁城的四门。

---

❶　出自唐代骆宾王《帝京篇》。"山河千里国，城阙九重门。不睹皇居壮，安知天子尊?"

图2-1 承运殿

民国四年❶，袁世凯投入国币二百万元修缮粉饰宫殿，替换名称，丹画朱涂使其门楼屋阁焕然一新。重门层楼的黄瓦灿烂映入眼帘，看到当时的景象联想到即位紧迫。站在承运门前沉思，追忆往日，恍惚之间仿佛成为清朝之人。虽然只是空想，但清朝的历史却仿佛走马灯般在眼前闪现。

---

❶ 1915 年。

北京一游，首先感觉异样的便是宫城的黄瓦。宫城使用黄碧黄瓦的由来是以汉代五行学说为基础的。五色配于五方，东青、西白、南赤、北黑、中黄，以此为开始，君主享有天命治理万民，即依据位居天下中央的理想，进而崇尚黄色。遂将宫殿门墙改为黄色，诏勅用黄纸，皇族缠黄带，禁止一切民物使用黄色。

参观入口：东华门或西华门

参观费：三十仙

第二节　宫城内的旧物陈列场

在东华门入口的售票所购入入观券，进入以护城河围绕的紫禁城。经过清史馆❶前，从经文门（原来的协和门）到承运殿（原来的太和殿）前通过，从纬武门（原来的熙和门）到经武英殿，支付观览费，在门的一侧寄存携带品。首先进入武英殿东厢的凝道殿，就能看到热河、奉天的两座离宫珍藏的清朝的御物，康熙、乾隆的全盛时代以财力和威力收集制造的七宝的器物和珊瑚、

---

❶ 中华民国时期用来保存、编修清史所用档案资料的库房。原为清代国史馆大库。位于北京故宫东华门内。1976 年库内档案资料搬至西华门新建库房，清史馆大库改藏文物。

玛瑙、金银合金、翡翠、琅玕等宝石制造的仿花、盆栽等陈列，华丽夺目。游览一圈后出右厢进入武英本殿，正面挂着张旭和文征明的字和其他山水画，以及铜器、陶瓷器、漆器、堆朱湘工、象牙细工、宝石细工、雕刻物、刀剑类、玉砚、嘉墨、金瓶、银皿等珍品佳什，集中了中国自古以来美术工艺的绝品，东洋文明的精粹，一器一物都使人眼前一亮，宛如进入了宝山玉殿，低徊观看，难以离开。

离开本殿，进入西厢焕章殿，会看到古色苍苍的周汉代古铜器，殿内的铜器是被称为东洋美术精品的贵重品，颇为雅致富贵。

武英本殿的西侧是被称为浴德殿的小浴殿。国庆纪念日等节日会开放供众人参观。内部是用白色炼瓦做成的纯土耳其古式浴场。传说乾隆帝的极盛时期征服了西方回教徒，将包括回王的众人俘虏。偶尔遇到回王的一名美女，乾隆帝将其纳入后宫成为侧室，赐予其父母在回子营（顺治门内南闹市口）的王邸予以优待。此回女受到乾隆帝的蜜一般宠爱，却也思慕父母，心情急切，想要回去的愿望难以停止。皇帝被她的心情所动，在南海之滨修建望家楼（现在的大总统府新华门）以慰其意。浴德殿是当时为了回妃特别设计的沐浴所，这也成为讲述当时艳传的唯一史料。

东华、西华两门的出入由观赏者随意选择。

门票：东华、西华门　三十仙；古物陈列场一元

第三节　中央公园

天安门的西侧原来是社稷坛。自民国四十年❶开放为公园以来，运动场、水榭、餐馆、茶社、球房等娱乐设施相继建设，供游人娱乐，但现在公园的设施并不完善。

从天安门西侧的入口进入，支付入场费，有一个公理战胜纪念门（此纪念石头牌楼是原来东单牌楼和东四牌楼之间总部胡同西口附近的谢罪门），是光绪二十六年（明治三十三年　公元1900年）义和团事变后，清朝政府为了表达对德意志公使男爵冯·克林德❷被杀害的歉意，以媾和条约为基础在遇难的位置上而建设的，成为重要的纪念碑。民国七年11月12日夜，德意志屈服于盟国，签订休战条约，得到此报道的驻京法国人在欢喜之余破

---

❶　此处应为"民国三年（1914）"之误。据史料记载，民国三年内务部长朱启钤将社稷坛设立为"中央公园"即现在的"中山公园"，这也是北京市第一座公园。

❷　克莱门斯·佛雷赫·冯·克林德，1853年11月22日—1900年6月20日。1900年义和团事变期间在北京街头被清军枪杀。

图 2－2　公理战胜纪念碑

坏了其一部分。13 日英、法、美等国的侨居官民开始着手更大的破坏。但因其基础坚固，并没有得到完全的破坏。由于中国是参战国的关系，任由其处置，将此碑移动至中央公园，保存其原形，成为历史性的纪念碑。通过门前，北面老柏苍郁，凉风徐徐吹动衣袖，仿佛有着处于黄尘圈外的心地，心畅气宽，真感到是别有一番天地。院内自成广阔的一城，从门内进去就是社稷坛，坛内的房子徒有往日的森严，现在入园的人能够任意攀登。

附近设计有牡丹园，花开时节招揽许多游客前来观赏。坛后是老柏树，阴翳幽静，富有雅趣，隔着护城河与宫城相对。夏天的傍晚木枝摇曳，倚靠着坐榻，能看到护城河中新荷展绿，仿佛铺满了青钱，蛙鸣园里掬起凉味。如果将来设施完成，在万目荒寥的北京就会有一个极好的大公园。

园内的茶馆、餐馆及娱乐设施如下所示：

来今雨轩　西洋料理　一人一元二十钱

春明馆　茶和点心　一人十钱

水榭茶会食　中国菜　一桌八元至十六元

长美轩　云南菜　同上

柏斯馨咖啡馆　咖啡　一人十钱

球房（台球　地球）

华北溜冰场

同生照相馆　南洋兄弟烟草公司等

公园票价　十钱

第四节　炭海

中华门内一带区域被称为炭海。和建筑煤山基于同一个理由，木炭埋在地下，以备不时之需。虽然史书上并没有记

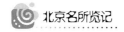

载，无法考证。不能明证，确实非常遗憾，但考虑到北京人的口碑相传，煤山炭海的名称广泛流传，其存在是不可否认的。

图 2-3　景山的斜景

第五节　景山

宫城地安门内有座山，这就是景山，也称为煤山。景山有五座峰，中央的山峰最高，东西各有两峰。其位置秩然，山形呈"一"字。传说一见便知是加以人工的假山。元世祖定都北京，在此筑城，在当时北京城被包围的情况下，担心燃料不足，将石炭堆积在山上闭城，以备不时之需，用土覆盖，移植奇树，将其称为万岁山。其青翠欲滴的明媚山形比城内任何地方都值得景仰。神武门外巍然耸立起这座山，山上有五亭，灿烂的绮望楼、观德殿、寿皇殿等黄瓦在万翠参差中闪耀的景致之妙是落寞北京城唯一的色彩。

　　景山具有中国历史中独树一帜的事实，那就是明末的惨事。当时李自成四方剽掠，从居庸关攻入直逼北京，最后从彰仪门入侵城内。明朝崇烈帝从宫殿出来，登上景山，望见烽火连天的景象。皇帝叹息说："苦我民尔！"在此久久徘徊。返回宫殿，放走太子，用剑斩杀长平公主，让皇后自尽，斩杀妃嫔数人。翌日清晨内城沦陷，鸣起帝钟想要召集百官却无人应召，感慨没能早早实施对策。再次登上煤山，在衣襟写下遗诏，用帛自缢于山亭而死。于是明朝的皇权就结束于这景致盎然的景山之顶，其最后惨烈之王者之言、悲痛之辞都是翻阅历史时咽下暗泪的地方。万岁山下恨绵绵，追怀崇烈帝的心情，望向此山，不禁一掬同情之泪。

第六节　太液池

宫城西华门的西面有一苑，叫西苑。苑中有太液池、五龙亭、蕉园、三个瀛台，俗称三海，即北海、中海、南海。金元时代的离宫，有西海子、西华潭、金海等别名。夏时，荷香苑里莲花红白争艳，烦恼夏暑的贵妃、嫔妃就在此纳凉；冬天的时候，八旗的武夫集中在这里，练习冰上骑马射箭，名声极高。在池中架桥，称为玉𬟽桥❶，据说其巧雕妙刻在其他地方都没有见过可比之物。池中有亭，是皇帝闲时游幸之地。现在总统府置于中海，副总统府和国务院设于南海，四百余州的政令皆由此池中而来。古来琼岛春阴、玉𬟽垂虹二景被列为北京八景，为王公将相所吟咏，虽可想象其景趣之一二。可除北海以外不便自由游览，对外人来说十分遗憾。

琼华岛在北海，传说是移动宋朝艮岳❷而成的人工山。

---

❶　明清时期称金鳌玉𬟽桥，也称御河桥或金海桥，俗称北海大桥，是北京市城区内最大的古石桥。

❷　艮岳是汉族古典园林建筑之一，属于中国宋代的著名宫苑。宋徽宗政和七年（1117年）兴工，宣和四年（1122年）竣工，初名万岁山，后改名艮岳、寿岳，或连称寿山艮岳，亦号华阳宫。1127年金人攻陷汴京后被拆毁。

图2-4 琼华岛的白塔

奇山怪岩层层叠叠，风光绝佳。辽、金、元、明、清皆有宫殿，是云上游览之地。辽朝太后和金朝章宗李妃的梳妆台皆建于此，为故地。北海虽说允许外人参观，但如果没有拿到外交部的准入证，是不允许随便进入的（准入证为方便起见，可通过日本警察署在同署获到）。

承光殿是玉蝀桥的东琼岛的南面用围城围起来的，俗称围殿。中华民国时在此召开了约法会议、政治会议，成为会场。中华民国的国家基础主要论议于此殿。太液池不

只看作是宫城的胜地。北京缺乏饮用水，一旦缓急之时当如何获得多量之水，筑城者对此事颇费苦心。元世祖在北京筑城时，从万寿山昆明湖将一条水道引至德胜门的西侧，通过积水潭、什刹海、荷塘蓄入紫禁城的太液池，从南海横穿东交民巷，打通御河，将池水注入护城河。在北京筑城之前，先要守城。正如建设煤山、炭海、太液池的设施一般，能够体会到元世祖的深谋远虑。

第七节　白塔寺

在平则门内有辽朝寿隆二年为珍藏释迦佛舍利而建的白塔，所以称为白塔寺。元朝改称为大圣寿万安寺，明代称为妙应寺。塔内放有舍利戒珠二十粒、香泥小塔二十座、无垢静光等普罗尼经五部。元朝至元八年，世祖帝打开了此塔中的舍利石函，中有铜佛。盈满香水的舍利是圆的，其光如金粟。前方有龙王二尊，守护之。其庄严不言而喻。皇帝修造这座塔获得了尊崇。登上北京市中的高处，白塔近在眼前、巍然耸立于半空中，宛如在与北海白塔一争雌雄。

第八节　隆福寺

东四牌楼之西，马市之北，有一条隆福寺街。始于明朝景泰三年❶六月景帝下诏修建，清朝雍正九年重修。喇嘛的住持在每月九号、十号二日开放庙市，宛如参拜的善男信女，古玩玉器、家具玩具等的露店在寺内杂然排列，人们纷至沓来。在西城的护国寺（每月七、八两日开放庙市）也是由于庙市的盛大而为人所知，俗称隆福寺为东庙，护国寺为西庙。正宛如在日本见过的"缘日"。像隆福寺街的旧书店和琉璃厂一样均以所藏的古书久负盛名。

第九节　雍和宫

雍和宫又名喇嘛庙，位于安定门东，北新桥东北，是雍正帝继承大统之前的府第的潜邸（亲王在继承大统之前的府邸被称为龙潜藩邸，余人禁止居住，留下空邸成为惯例），但雍正帝登基后，由于对西藏和蒙古的统治

---

❶　1452 年。

图 2 – 5　雍和宫一角

政策，将自己原来的府邸赐给喇嘛作为喇嘛的灵场。在
政治策略上利用宗教，直到今日仍然掌握着西藏、蒙古
的统治权，不得不说这是皇帝贤明的政策。庙内所住的
喇嘛僧约有三百人，内外蒙古、西藏的僧侣在前清时代，
皇室每月都会支付若干银两和米，现在由于国费多端，
只止于少额的支给，直到渐渐地全额废止。从昭泰门、
雍和门进入，支付门票费，按照在各入口处张贴的顺序
参观一圈，在庙内有天王殿、雍和宫、永祐殿、法轮殿、

绥成殿等宫殿。宫殿的东西两侧是万福、永康、延宁等诸阁。所有殿阁均装饰着西藏和蒙古式的佛像、佛画，在观赏这些艺术的同时也能观察亲王府邸的结构。体格高大的蒙古僧侣缠着红黄色的僧衣，终日埋头于念佛三昧却不能看出一丝成吉思汗当年之勇，由此可以想象宗教的感化如何之大。

中央的大堂是庄严的道场，所有的僧侣早晚两次在此集合读经。正面是无量寿佛的大曼陀罗刺绣，背面是五百

图2-6　雍和宫的喇嘛僧人

罗汉的雕刻，精巧无比。其后方的高殿有一尊大佛立像，高五丈有余，相传是取了西藏的大旃檀，用一根木头建成的。东侧的堂中有一尊奇怪丑陋的佛像，是天地佛，也称为和合佛。毫不留情地为官府取缔，用布遮蔽了局部，乃宗教学上有趣的标本。

观览费：铜元五十枚

第十节　文天祥祠

孔子庙的东府学胡同即是元朝菜市口的遗址，后来成为文天祥授命的场所。文天祥祠是明初北平按察副使刘崧所建，祠中有遗像碑。文天祥在狱中写下正气歌记述其志，不屈服于元人，以死殉国，其忠勇义胆在千年后仍然与日月同辉，生机盎然。

第十一节　文庙

文庙又名孔子庙，在安定门内东南的成贤街，东与雍和宫、西与国子监相邻，是元世祖定都北京时，用旧枢密院临时充当孔子庙，而成宗大德十年（德治二年　公元1306 年）新建了孔子庙，即现在的国子监所在地。明太祖永乐元年（应永一十年　公元 1403 年）八月在枢密院的故址建立了新庙，移祭了神位，就成为现在的孔子庙。

孔子庙的正门叫作先师庙门，不允许皇帝勅使之外的人出入。庙的西面是通用门，此门叫作持敬门，进入此门会看到柏树列，元朝以来的进士题名碑有几十座排列，大成门的左右是模造的石鼓各五个排列放置，进入左边的侧门是与大成门相对，面向南方的大堂宇，这就是大成殿。满庭的古柏郁然，让人不禁会拉正一下衣襟。古柏是元朝国子监祭酒官许衡亲手种植的，距离将枢密院改造为孔子庙的当时已经经过六百余年的漫长岁月了。

大成殿是民国三年九月重修的，丹画朱涂的结构极其壮丽，黄瓦灿烂，进到映入眼帘的高大壮丽的大殿，庄严深奥。正面供奉着至圣先师孔子的神位，左右配祀的是四圣十哲的神位，在楹栏间原来放有以康熙帝御笔所题的万世师表的匾额为始的清朝历代的匾额，但现在已被摘除，只剩黎元洪所献的匾额。恭敬地参拜神位的话仿佛能感到圣灵近在咫尺之间，虔诚的念头油然而生。东西两庑中供奉着历代的贤臣。庭内老柏中间有几个碑亭。再到大成门的话，门内左右各有十二把戟威仪排列，正直的石鼓各五个排置，鼓面多次拓本已为全黑，刻文剥落，难以看清。

图2－7　文庙的大成殿

　　每年春秋二月和八月在这里施行祭典，大总统亲自致祭，也派遣主祭官举行大典。孔子受到了历代的皇帝的尊重，二千五百年间一向如此。他作为这个民族的先师延续至今。尚且国家祭典一直没有断绝也不得不说是将孔子"修身、齐家、治国、平天下"作为大法大则支撑着四亿人心的结果。观赏是每一门每一殿都要付钱，只要付钱就能观览，因此需要事先准备好铜元。每门每人支付四五枚到十枚铜元即可打开门进入观赏。

第十二节　石鼓

正如前文中孔子庙的描述一样，石鼓在孔子庙大成门内左右排列，其材质为石材，形状似鼓，因此被称为石鼓。距今三千年前，周宣王率领群臣前往陕西省岐阳狩猎，为表赏功劳，建立了高二尺余，直径一尺二寸的石鼓数十个。

石鼓最初被抛弃在陈仓（陕西省宝鸡县）的旷野中，唐朝的郑余庆将鼓迁至凤翔县学后，丢失了其中两个。皇祐四年（永承七年　公元952年）向传师在民间得到并凑成十个鼓。宗大观二年（大仁元年　公元1108年）从京兆移至开封，放置在大学内。之后在保和殿用金镶嵌了字。靖康二年（大治二年　公元1127年）金国攻入燕国，将石鼓的嵌金剔除，放在王宣抚的家中，随后移到大兴府学。元大德十一年（德治二年　公元1307年），虞集在大都任教授时，在泥草中获得，最初将其放入国学，之后将鼓迁移至孔子庙大成门内，直至今日。三千年来几度辗转，在草野泥土里经过风剥雨蚀的文字现在仅存三百二十五个字。

石鼓上的文字传说是宣王的大臣史籀执笔写成，其笔

图2-8 石鼓

记经过三千年的岁月，在天地之间仅存在于此石鼓之上。被中国学界珍重不是没有缘由的，据说其笔力纵横，气势、耸拔难以再求。

第十三节 国子监

国子监在孔子庙西，邻崇教坊的成贤街，在元代是旧学，到了明永乐元年，这里改为国子监。在新学勃兴前，这里是集天下俊才而教育之的最高学府，也就是中国的大学。近来以北京大学为首，设立了各种专门学校，学生滔滔不绝追求新学。壮丽的国子监如今只剩下了残骸。

从写着历史博物馆的门札的便门进入，中央有彝伦堂，有康熙帝御笔的匾额、御制祭酒箴和其他历代皇帝御笔的匾额、石碑等。东西两庑有率性堂、诚心堂、崇

图2-9　国子监

志堂、修道堂、正义堂、广业堂等。堂中建立的数十块石碑是根据汉时代石经所模仿而制的乾隆帝的御笔十三经。彝伦堂的前方中央是壁雍宫，是乾隆五十年建筑的，遵从古制周围建起池子，架起四桥。宫殿的前方，琉璃的牌楼灿烂夺目。乾隆五十年二月上旬丁日，皇帝亲临此地，举行释奠之礼，亲自讲学，当时的御座现在依旧保存。

各门票收费要求与文庙相同。

第十四节　鼓楼

鼓楼位于地安门以北的金台坊，是元世祖所建，当时被称为齐政楼。楼上备有铜制的刻漏壶四个测量时刻，相传制作十分精妙，是当时唯一的测时机。明末失火的时候将刻漏壶烧毁了，之后以点时辰香来测时。明、清逐渐加以大修直至今日。楼基长十六丈八尺、宽十一丈二尺、高九丈九尺，是使用砖瓦、巨石、大材建成的牢固建筑。从东侧进入到巡警休息所请求会面，巡警和钥匙管理人才会打开门让人进去。九十六级石阶颇为陡峭，老幼登楼甚为危险。登上楼，南面是景山巍然的秀峰和横在什刹海荷塘的池水；西南方映入眼帘的是内城市街的杂乱繁华，老槐杨柳繁茂，远处的人家隐隐可见，增添了趣味；北面是太行群山龙盘虎踞，分界朔北；东面云烟缥缈，能俯视无限的旷野，能眺望地形之雄壮，真乃天下壮观。现在楼上有三个鼓。从前楼上备有四个鼓和一个大鼓，将一年分为二十四节气，每个节气鼓面的色彩不同，一个节气敲一个鼓，大鼓作为预备。在北清事变❶的战乱中，很多都被破坏了，现在仅存三个。每晚八点和凌晨零点时会敲一百零八声来通知时刻，渐渐成了市街夜巡的指挥。每晚每过两小时会敲击木板夜警巡查，即步军统领的技勇兵在晚上八点鼓楼响起一百零八声时，开始准备夜警。晚上九点钟楼敲完一百零八声后，技勇兵会出现在满城的大街小巷，一起进行夜警巡查。

鼓楼现在在北京城北部偏僻的地方，而在元朝却是北京内城的中枢，行政机关在其左右，因此才成为平时维持着广大城内治安的行政警察整齐划一的司令塔，一旦有紧急情况，就会成为通向城外的通信台，是北京守城不可缺少的一个楼阁。

---

❶ "庚子国变""八国联军侵华战争"的日文说法。为扑灭义和团的反帝斗争，扩大对中国的侵略，英、美、法、俄、德、日、意、奥八国组成的侵略联军，于1900年6月，由英国海军中将西摩尔率领，从天津租界出发，向北京进犯。最后导致中国陷入空前灾难，险遭瓜分。

图 2-10　鼓楼及鼓楼街

第十五节　钟楼

钟楼在元朝至元年中金台坊的东部，即建在万亭寺中，虽是同寺的中心阁，但已地址不详。现在的钟楼在鼓楼之北，是明朝永乐十八年❶的建筑，因火灾化为了乌

---

❶　1420 年。

有。清朝乾隆十年❶重建成为现在的钟楼。从楼上巨钟的
永乐年制铭文可见元朝巨钟早已烧毁。钟楼与鼓楼相似，
都是北京治安的司令塔，据说钟声可以传到四十里外的
远方。与鼓楼相比，其规模较小，有八十级台阶，楼上
用石墩环绕，颇为雅致。

图 2-11　钟楼

---

❶　1745 年。

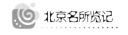

第十六节　观象台

　　观象台位于朝阳门与东南角楼的中间，是与城壁相接的高台。元朝至元十六年（弘安二年　1279年）建设。元朝的钦天鉴郭守敬制作而成的天文诸仪器排列于台上，用来做天文、历算的研究。随着年月的流失损毁变得毫无用处。因此，清朝康熙十二年（延宝六年　1673年）新建天体仪、黄道仪、赤道仪、地平经仪、地平纬仪、起限仪六个仪器，替换旧仪排列于台上用来测量。康熙五十四年增添了地平经纬仪，乾隆九年增添了机衡抚辰仪，使得天测更加完备。没想到光绪二十六年（明治三十三年　1900年）北清事变的时候，法国军占领天文台，将一切仪器作为战利品送到本国，然而法国国民的舆论却说作为战利品占有那些学术研究资料的仪器、特别是能促进中国文明的历史器物是法国国民所不能容忍的，因为这个理由遂将其归还。光绪三十年（明治三十七年　1904年）清政府将荒废的天文台进行修缮，诸仪器被一切如旧地安置在了台上。

　　天文台每周六开放供众人参观。

　　钦天监位于天文台下，是进行天文考察和统管历算的地方，也是向天下发布正朔的重要官衙。

图 2 – 12 天文仪

第十七节 公使馆街与日本军营

　　内城南崇文门和正阳门中间排列着高楼大厦，外观俨然是欧洲的一座都市，这就是公使馆街，是各国公使馆的所在地。东起崇文门大街，北连东长安街，西起兵部街，南跨城墙的地域，这一地域中有东交民巷、中御河桥、台基场大街等，大街纵横。日本公使馆与御河沟

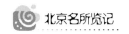

相接，占有有利的地势，相隔河沟，与英国使馆相对。远远地与俄、美、荷兰的使馆相对，左右后面是法、意、奥、德、比、西各国使馆。

图 2-13 日本驻屯军营门

日本公使馆南邻日本兵营，日本兵营旁边拐角是正金银行❶。正金银行东邻日本邮局、警察署、旧日本公使馆

❶ 日本早期的外汇专业银行。1880 年（光绪六年）成立，总行设日本横滨，以经营对外汇兑、贴现为主要业务。1910 年开设的北京支行坐落在东交民巷与正义路交叉路口东北转角日本使馆旁，西洋古典风格，转角处设穹顶。设计者是日本建筑师妻木赖黄。

（目前是馆员官舍）等，以此划定了日本的势力圈。现在
的使馆区域俗称东交民巷，前清时曾称为东江米巷，虽
说不清楚从何时起改成了现在这个名字，但或许就是被
指定为各国使馆地之后吧。曾经是肃亲王府以及清朝枢
要官府的翰林院、鸿胪寺、太仆寺、庶常馆、会同馆、
礼吏户兵工各部、宗人府等的所在地，四百多个州的政
令皆在此地企划，但被指定为各国使馆地之后，各官府
衙门均转移到其他地方。现在以御河为中心，周围大厦
高楼林立，故而往日御河边杨柳竞翠、倒映在水面上那
如画的风景难再追忆。

　　使馆区域完全是各国的共同居留地，条约上中国人完
全没有居住权，军队护卫自不必说，警察巡逻也都由各国
负责。对战败的纪念无所顾忌，建筑炮台成为对阵的设
备，加深沟壕，加厚墙壁，背面依托城墙，睥睨宫城。隔
着一条道路，俊俏挺拔的使馆建筑物和雄大古雅的宫城相
互对峙，真是绝好的配合，可谓世界第一奇观，不知中国
国民往来此间作何感受。御河左岸的日本兵营所在原来称
为詹事府，是掌管经史文章的官衙，据说是明朝建立的。
衙内还保存着诸多讲述明朝当时的史料，这也是不再特意
向观光者介绍的原因所在。据说詹事府中还有康熙的御笔
"德业仁义"的匾额和其他王白毅写的"一枝间"等匾额，

不过现在已不知所踪。与明崇祯十八年的建立有关的詹事府由来碑和重修的石碑是记载当时情况的唯一史料，现已移建到将校宿舍前。詹事府后面奉祀孔子的孔子庙墙壁嵌有刻着"存诚"二字的大理石匾额，现在也被放置到学校宿舍前。其他像青铜制的金鱼钵、模造石鼓都是追忆当时的唯一材料。庙前有两株古松，据说是历经百年的奇树，但是被火灾烧死了，现在只有一株枯木在庭中萧然而立，诉说着过去。詹事府的井水自古以来水质纯良，甚至比得上玉泉山的水。相传人们都竞相求购此水，现在位于将校官舍（原来是医院）后面，水质美味，尤其适合煮茶。

设于北京各国公馆的设立历史：

康熙年间，俄罗斯将贸易事务官派到北京，在东江米巷建筑了俄罗斯馆，此为外国人在北京驻扎之始❶。咸丰十一年❷，英法联军入侵北京后订结通商条约，英法两国派遣公使租借了东江米巷亲王府的一部分作为公使馆，此为设置公使馆之始。接着美俄两国也互结通商条约，其他各国也和中国订结了条约从而设置了公使馆，其顺

---

❶ 康熙二十三年（1684 年）清政府将东江米巷（即东交民巷）南会同馆改为俄罗斯馆。供商人、神父和学生居住。

❷ 1861 年。

序如下所示：

同治二年❶——荷兰

同治三年❷——西班牙

同治四年❸——比利时

同治五年❹——意大利

同治十年❺——日本

光绪六年❻——德国

光绪二十四年❼——澳大利亚

日本公使馆本来在东四牌楼六条胡同，但与各国使馆及外交部相隔甚远，事务上有诸多不便，因此在光绪十八年❽迁到东交民巷。比利时公馆在东单牌楼以北，后被义和团起义破坏，事变结束后迁到了现在的位置。

第十八节　天坛及先农坛

天坛在正阳门以南，永定门内。因为关系到明朝永乐十

---

❶　1863 年。

❷　1864 年。

❸　1865 年。

❹　1866 年。

❺　1871 年。

❻　1880 年。

❼　1898 年。

❽　1892 年。

八年（庆永二十七年　1420 年）的建设，垣墙围绕十里，门内是斋宫、圜丘、皇乾殿、祈年殿等，松柏苍翠，路旁芳草萋萋。在中门购买门票，进门右拐过一座桥，进入一座殿宇，有一个简单的宝座，这就是天子亲自祭天时换斋戒祭服的地方。从便殿南侧的一门进去，松柏繁茂，向东就是圜丘，也称天坛。天坛总共由三层构成，最下层直径二十一丈，中层直径十五丈，上层直径九丈。高一丈五尺多，形状是圆形，象征天。这里就是天子亲自斋戒祭祀朝廷最尊崇的皇天上帝、举行祭祀典礼的地方。每年冬至日出前登上此坛祭祀。若有天灾地变民不聊生，天子就行幸天坛，仰望遥远的苍穹祈求国泰民安。

天坛的东树之间可以看见的青瓦的堂宇是宰牲亭、井亭、神库、乐器库等。北边相邻的紫瓦的殿宇是皇穹宇，奉祀皇天上帝和历代皇帝的神位以及天地风雨雷诸神的地方。冬至那一天将诸神位从皇穹宇奉请到坛上进行祭祀。皇穹宇北方碧琉璃的瓦璀璨夺目的摩天高殿就是祈年殿，它修建在三级的坛上，殿堂高大雄伟。这里是正月初一将神位从皇乾殿恭请到祈年殿、皇帝亲自为四亿万苍生祈求五谷丰登之地，祭神与天坛相同。

与天坛隔着西方大道的是先农坛。

在正门买门票，进入垣墙内有先农坛、天神坛、地祇

图 2-14　天坛内祈年殿

坛、大岁坛等，这里是天子亲自举行籍田的祭祀的地方。
民国四年❶被指定为公园地，和中央公园一起布置设施，
称城南公园。其他的有城东朝阳门外的朝日坛、城西阜城
门外的夕月坛、城北安定门外的地坛，它们并称为五坛。
按照大清会典，规定春分在日坛祭祀，夏至在地坛祭祀，
秋分在月坛祭祀，冬至在天坛祭祀。

---

❶　1915 年。

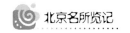

天坛参观费：铜元三十枚

先农坛公园入场费：铜元五枚

图2－15　先农坛（城南公园）正门

第十九节　琉璃厂

从北京外城前门大街到西数町有一个大放异彩的集市，这就是琉璃厂。这里原来设置的是琉璃窑，制作五颜六色的瓦片，因此也称琉璃厂。这里是北京书店最繁荣兴旺的地方，也就是所谓的书店市场，古董店、印刻铺、文具店、纸屋等各种店铺杂居在这里，总之只有美术装饰品、日用品的商店。

不可不说中国历代的文明之光都包藏在这条街市里，几万的书卷是中国人思想的海洋，山堆一样的书画帖、卷轴虽然真伪混杂，但都表现了中国人的技术。足以了解中国人对玉石、古铜器、陶器等古董以及笔墨砚台等文房器具的嗜好，其思想、其趣味的高卑清浊自不必说，不愧是代表性地说明了四千多年的古文学技艺，有了此处便别无他求。最近开设的宫城内英武殿的古物陈列馆和中国古代的美术品无论如何也不能比较，但想看圣经贤传的书卷的话就不能不到琉璃厂，这里是有着北京最高尚趣味的街市，因此要向大家介绍此地。

第二十节　法源寺

法源寺位于前门外菜市场的西南烂面胡同的西侧，是为了纪念唐高宗征讨高丽时阵亡的士卒于贞观十九❶年修建的招魂祠，当时叫悯忠寺，明朝正统七年❷重修后改为

---

❶　645 年。
❷　1442 年。

崇福寺，清朝雍正九年❶再次重修改称法源寺。寺中松柏郁郁苍苍，让人顿觉神清气爽。辽代应历七年❷修建的石幢散落在寺内，碑面上模刻有唐朝李北海❸的书法。

第二十一节　商品陈列馆

商品陈列馆位于彰仪门大街，曾是内国劝业博览会场。虽称不上完备，但各省的制作品、物产汇聚一堂，可以说是中国商品的缩略图。前往参观应有助于研究。

入场费：铜元三枚

第二十二节　新世界

新世界位于前门外香厂。模仿上海的游览场建造，据说花费了二十五万元工费。由四层楼构成，有剧场、拉洋片❹、

---

❶　1731 年。

❷　957 年。

❸　李北海，即李邕（678—747 年），也称李括州，字泰和，鄂州江夏人（今湖北省武汉市武昌市人），唐代书法家。

❹　拉洋片是中国汉族的一种民间传统曲艺文化。表演者通常为一个人。使用的道具为四周安装有镜头的木箱。箱内装备数张图片，并使用灯具照明。表演时表演者在箱外拉动拉绳，操作图片的卷动。观者通过镜头观察到画面的变化。通常内置的图片是完整的故事或者相关的内容。表演者同时配以说唱，解释图片的内容。

魔术、台球场、饭馆、茶馆等设施。登上屋顶的庭园向下俯瞰，南城一体尽收于眼中，遥望西山的青峦，凉风拂过衣袖，有一种在俗尘圈外逍遥之感，因此夏季的游客很多。

图 2 - 16　新世界

一层：茶馆、戏剧、讲谈

二层：游艺、拉洋片

三层：西洋料理（一人一元二十仙）

四层：顶上庭园、照相馆

第二十三节　城南游艺园

城南游艺园位于城南公园（先农坛）西北侧的墙内，与香厂新世界相对。从园门进去，长廊两侧的通道上并排摆放着杂货，招揽游客。左侧建筑是演艺场，右侧并排的是茶馆、运动场等。园内很多芦萩，假山上设有亭子，便于饮茶。园内的池水虽然很深，但您不要试试浮舟清游吗？可以享受自然的野趣。园内的设施尚未完备，但假以时日一定有发展的机会。夏季时这里夜间燃放烟花吸引了很多纳凉者，现在已凌驾于新世界之上。

园内：西洋料理（一人一元二十仙）　中国料理（按自己的喜好随意点）

入场券：铜元三十枚（在入口出售）

第二十四节　北京停车场

北京正阳门外的东西以及西直门外各有一个停车场，将来在天坛附近还会设置一个大的中央停车场，以实现交通快捷的计划。

第一项　京奉铁路

正阳门东侧的停车场是京奉铁路的起点，经天津、山海关、新民府❶直达奉天，全长五百二十二英里，在沟帮子与营口过来的支线会合。

这条铁路的天津站与津浦线❷连接，通向南方上海，奉天站的南满线❸通向大连，安奉线❹与朝鲜铁道相连，向北经过哈尔滨，是通向欧俄的大铁路。

距北京东停车场十五英里的一条铁路线通向通州，称为环城铁路，绕着北京城郭，连接西直门停车场（九英里），将来还会连接西停车场。

第二项　京汉铁路

正阳门西侧的停车场是京汉铁路的起点，贯通中国的

---

❶　新民府地处盛京省（辽宁省）西北部。清初属广宁、承德两县。地名来源于清初的新民屯。

❷　旧铁路名。津浦铁路始建于 1908 年，1912 年全线通车。北起天津总站（今天津北站），南至江苏浦口，全长 1009.480 公里。现为京沪铁路的组成部分。

❸　旧铁路名。原为 1897—1903 年帝俄所筑中东铁路的一部分（长春至大连段）。日俄战争后，为日本所占，改称南满铁路，即南满线。

❹　旧铁路名。安奉铁路是日本在日俄战争期间，借口战时军运的需要，强筑的轻便铁路。安奉铁路从安东（今辽宁丹东）到苏家屯，1904 年动工，到 1905 年 12 月 15 日安奉线全长 303.7 公里的军用窄轨轻便铁路建成通车。

中原，是中国经济的大动脉。终点为汉口，是全长七百五十英里的大铁路。

在其他本线上，还有长辛店和丰台（六英里）、良乡和坨里之间（十英里）、琉璃河和周口店之间（九英里）、高碑店和梁格庄之间（二十六英里）、鸭鸽营和临城之间（十英里）多条支线，以及石家庄有正太铁路、新乡县有道清铁路、郑州有汴洛铁路等联络线。将来以汉口为起点，连接更多的铁路，开拓中国的中原地带，可以推测出这条铁路的盛况。

第三项　京绥铁路

这条线路的起点是丰台，经过北京西直门外及南口、居庸关，越过八达岭，到张家口，再经山西大同府到丰镇（二百六十六英里），将来直达绥远城，延长四百英里，横断蒙古的沃野，肩负起开发北方的任务，是一条对商业颇为有利的铁路。

还有一条从西直门到西山门头沟被称为京门枝铁路（十六英里）的铁路。

北京裱褙胡同

佐野吳服店

電話東局三三二號
振替大連一四九四
私書函第二十一號

和服店广告。

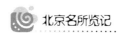
照相馆广告。

点心铺广告。

印刷厂广告。

第三章　近郊名胜

第一节　东岳庙

位于北京朝阳门外的东岳庙修建于元延祐年间❶，重建于清朝康熙三十九年❷的东岳是中国五岳（泰山、华山、衡山、恒山、嵩山称为五岳）之一的山东泰山。山东各府县都建了该庙。祭祀泰山的东岳庙前面隔街有一座精巧的牌楼。从大门进去正面就是昭德殿、仁圣宫，供奉仁圣帝。东西的两庑祭祀七十二司。七十二司是道教之神，是掌管人间所有的事件及生老病死、善恶报应的神灵。在这里可以看到非常精美的塑像。庙中石碑林立，其中最著名的是元代赵子昂书写的张天师神道碑。每年阴历三月十五到二十八开庙，特别是二十八日一整天，男女老少的参拜者络绎不绝，非常热闹。

第二节　白云观

出了顺治门沿着城墙向西，出西便门再向西走数町就

---

❶　公元 1314—1320 年，是元朝元仁宗的年号，共 7 年。
❷　公元 1700 年。

到了白云观。白云观本是金朝太极殿的废墟，明朝正德年间❶重建才有了今日的白云观。这与元代丘处机，即长春真人的开创有关，是道教最重要的灵场之一。丘处机是世间少有的英杰，受到有名的元世祖忽必烈的尊敬与信赖，在政治上大显身手。白云观的正面有个大牌楼，乾隆皇帝御笔题词"洞天胜地"。进了第二道门后，中间是个干壕沟，上面架了一座石桥。干壕沟里有道士们修行用的空洞。道士们终日在此静坐、闭目合掌达到忘我的境界。向北走是灵官殿、律堂、邱祖殿等。律堂是奉祀老子的地方，也是道士早晚念经的地方。最后是玉皇阁，是供奉玉皇的地方，宫前有丘处机事实碑。三清阁、长春殿、儒仙殿、翁光殿等殿内放置着精妙绝伦、栩栩如生的佛像、明碑。这在京师的塑像中也是杰作，名气很大。后方有个园子叫春花园，有温室，有假山，山上设有亭子，是纯粹的中式庭院，适宜游玩。如可一见，那让人流连忘返的景物也不少。由于白云观每年正月初一到二十开庙，所以城中近郊的善男信女都会竞先前往参拜，车马络绎不绝。白云观的西侧是赛马场，开庙期间爱马者展现骑术的景象也不少。

---

❶ 公元 1505—1521 年。

图 3-1　白云观正门牌楼

第三节　天宁寺

天宁寺位于彰仪门外、白云观之南。由北魏孝文帝创建，称为光林寺。隋朝时改为宏业寺，到了唐朝又命名为天王寺，金朝号称大万寺，明代改称为天宁寺。清乾隆年间重修，御制石碑一座。寺内有座十三层高塔，建于隋文帝时期，塔内奉有舍利，四周悬挂宝铎，雕刻佛体。这是北京郊外唯一的古塔。

第四节　黄寺及黑寺

安定门外，练兵场以北，外馆以西可以看到一座黄色的瓦房，这就是黄寺。黄寺分为东西两寺。黄寺是顺治八年奉命兴建普静禅林时修建的。从正门东侧的小门进入，再从内城的便门进入，古柏郁郁苍苍，遮蔽庭园，这里有康熙帝的御书和碑记、雍正帝的东黄寺重修碑等。

东黄寺的西面是西黄寺，建于雍正元年，陈列着雍正帝的御书、御制石碑和乾隆帝的御制碑，以后就没有修葺过，以致房檐倾塌，瓦片掉落，庭内荒草丛生，狐狸居住，让人难以相信。乾隆四十四年，皇帝将最最尊崇皈依的班禅额尔德尼从西藏招来北京面圣，不幸的是额尔德尼途中患病入寂。乾隆帝深感痛惜，命人将遗骸送回西藏，将其衣着收纳于西黄寺内，以大理石塔为载体，歌颂额尔德尼的功德，这就是现今寺内的白塔。

第一次得到达赖名号的第五代大喇嘛进京入贡，顺治、康熙二帝均对此行怀柔之术以镇压西藏，花费数年修建了宏伟壮观的东西黄寺，以博达赖欢喜。

黑寺位于德胜门外，大道西侧，因为是黑色的瓦房所以叫
黑寺。黑寺有前后两寺，前寺是明朝创建的，后寺是清朝
修建的。

图 3 - 2　西黄寺

第五节　大钟寺

　　大钟寺本名觉生寺，位于德胜门外黄寺西北方的曾家庄，寺后有一楼系有一大钟，故名大钟寺。明永乐皇帝时的姚少师铸造了这个高十五尺、口径十四尺、重八万七千斤、内外均铸华严经的大钟，华严经为学士沈度所书写，古色苍然，这是不可失去的宝钟。相传这钟本在万寿寺，清乾隆八年❶移到此寺。

　　从德胜门外租赁驴马仅仅一个多时辰便可到达。

第六节　中央农事试验场与动物园

　　动物园位于西直门外向西二华里俗称万牲园也就是三贝子花园的旧址。出西直门，沿着杨柳茂密的林荫道向西，到达一座洋式建筑的门前，在门的一侧购买入场券。一进门，入口一侧有一位身长八尺高大男人像金刚一样站立，会让参观者大吃一惊。与大门相对的就是洋式楼房，庭前松柏排列整齐，翠色欲滴。厌倦了路旁的陋室，此景

---

　　❶　公元 1743 年。

图3-3　中央农事试验场正门

给人以美感，顿觉清凉。从右侧的楼门进去，走过木桥，万兽的声音此起彼伏，这才想起是动物园。虽然园内规模不算宏大，但它网罗从狮子、老虎、熊等大型猛兽到鼠类、禽鸟等小型动物的各类动物。其中珍禽种类众多，沉醉于其羽毛之美、声音之美而流连忘返。很多时候，猿猴的可爱会让人忘记一天的劳苦，被怪异的象鼻吸引驻足，慰藉心灵等。再过一小桥向北走，路边奇花异草竞相开

放，花团簇簇重压枝头，风情四溢。左拐过木桥是豳风堂、观稼轩、卍字楼等茶社。通过池边纵横蜿蜒的小路，桥卧池上，风格别致，宛若画中。走进茶社坐下，池中莲花满开，香气馥郁，疏林中凉风习习，树叶沙沙，喝一杯汽水解渴，此情此景下，竟忘了自己身处中国北方，顿感炎热散去。到了傍晚仍不愿离去，真是近郊第一胜境。向西沿着花草珍木走就再次到了正门，把入场券递给金刚男，他就会莞尔一笑，送客远去。试着站在他旁边比一比身高的话就好比大人和小孩一般。本来这个园子是有两个男人，站在大门两侧扮演金刚来吓唬游客，但是民国四年其中一名男子急逝，现在就只有这个男人吸引着游客的目光。

入场费：铜元十六枚

第七节　五塔寺

五塔寺位于西直门外动植物园以西三华里。明永乐帝时，天竺印度高僧版的达赖入京献上五尊金佛，遂下诏封为大国师。成化九年十一月中，以印度样式建此寺，名为大真觉寺。石台高五丈，上有五尊金刚宝座，各高二丈，刻有梵字"楚宝梵华"，其结构让人惊叹。

图3-4　五塔寺

第八节　万寿山

　　万寿山、颐和园位于西山山脚，距离北京三十华里。元朝时称之为瓮山，乾隆十六年改为清漪园，在此设置离宫以来，这里就成为历朝游览的地方了。因为英法联军入侵，圆明园的离宫化为灰烬、失去了夏宫，最后西太后便用扩充海军的军费改建万寿山，并命名为颐和园，这里便

成为夏秋总揽驻跸万机的地方，满朝退避之后允许庶民参观。民国三年❶开始收入园费，才许可日常参观。出了西直门，平坦大道的两侧杨柳婆娑，为郊外的野趣更添一分雅致。乘坐汽车马车一二小时便可到达，可以达到半日游玩的目的。

图 3−5　万寿山佛光阁与昆明湖

---

❶　1914 年。

　　走近颐和园隔着大道就能看见大牌楼，题有"涵虚"二字。从大牌楼进到左边的和兴车场的车马休息处下车，走到颐和园的南门，门的正面是和门一样大小的影壁，右侧的厢房是售票处。购买门票后到警卫兵并排站岗的小门，检票员检票后方可入园。经过两扇小门到仁寿殿，这里是大臣觐见的地方，左右两厢是赐宴的房间。殿前两侧放置着铜制的龙、凤、大金鱼钵，出仁寿殿左拐，穿过松柏树丛就看到了奉祀神位的玉澜堂。在昆明湖畔抬头仰望，璀璨的佛香阁凌立空中，湖面波光粼粼，湖水澄澈蔚蓝，真是所谓山青水明的仙境。层层宫殿金瓦丹碧色彩艳丽，与碧绿的湖水遥相映照，遥远处龙王庙楼阁、玉带长桥倒映湖心，美轮美奂。隔湖望西山，山色苍翠，与那或近或远的玉泉山白塔形成了一幅美景画卷。沿着湖边的石玉栏杆迂回曲折就到了乐善堂，堂前是蔓草覆盖的泰山石，左右是树枝伸展，趣意盎然的翠柏，奇树独立，好似在夸耀昔日之景。这里是在仁寿殿赐宴后再次亲切接见大臣的地方。玉澜堂后方就是西太后的便殿，极尽华美，令人目眩。从西邀月门进去，向左眺望波光粼粼，向右仰望则假山耸立，漫步长廊。回廊用丹青刻画山水花鸟，经留佳亭、寄澜亭到排云门，临湖有座牌楼，金碧辉煌，倒映湖面。再去门前购买门票，进去后，各殿的朱楹、雕梁、

画栋、彩灯、文纱、绘画尽是当代名家所作，连接山上山下，建筑雄大，色彩和谐统一，简直就像阿房宫。一段段玉桥和高高的宫殿前面摆放着龙凤的香炉从玻璃门外叩拜宝座，正中间高高供奉着西太后的真影，目睹西太后的英姿叩拜，虔诚之念油然而生，起身后整理衣襟。左右是云锦殿、玉华殿等的厢房。排云殿的后堂是皇上的便殿，其左右有紫霄、芳辉二殿。向左沿蜿蜒的台阶上九十几级，进一门，再向左拐，进门就是乾隆帝修建的大理石牌楼，再向北走登上小台阶就是宝云阁。一屋子皆为古铜所造，不用任何木材，如此巧妙的建筑，谁都会为之一惊吧。右转，是纵横通达的石径，顺势而上，就到了佛香阁西侧。进入小门到阁前，放眼望去，俯瞰脚下昆明湖的波光，向右眺望西山的晴岚，左边田野开阔指向远处北京的城郭，有瑞气汇聚一堂之感。阁内置有三尊佛像，作为与后方的万佛楼共同仰仗万寿无量的佛光和弥陀力庇佑万寿山万世永固的祈念殿，仿佛在仰望紫云间圣众来迎，走下另一侧，有一块大大的石碑，上题"万寿山昆明湖"。听说乾隆十五年❶疏导玉泉的各个水源，将之汇入西湖，才有了浩淼的湖水。在此放舟，让北方人熟悉水性。汉武帝曾在昆明池学习操纵船舶的方法，于是这湖便沿袭此事命名为

---

❶　公元 1750 年。

"昆明"，万寿山即由开挖此湖的土方积累而成。再回到排云门，穿过回廊，向西，经秋水、清遥的两座亭子，乘上漂浮在西端寄澜堂旁边的石舟，柳条倒映湖中，湖水清澈，玲珑剔透，水平如镜，隔湖遥望西山，苍翠浓艳，好像身在一幅汇集至美至好的纯粹的画中，只觉清爽雅致。游客在此野餐，可纵览江山大观。夏季在此租船，横跨湖面，到龙王庙参拜，经过文昌阁，观赏湖畔铜牛再返回也不错。或者再由北路盘山而上，也有湖山惬意。进入眺望西北一带的山村，顿感豁达之气。沿着砖铺的道路向东，会到达一座琉璃瓦上雕刻着一万尊佛像的精巧无比的堂宇，这就是万佛楼。经过堂前再向东是惠山园的废寺，轩落壁塌。与南面的壮丽形成对比，惨不忍睹。只在残垣处留下了昔日的残名。景福阁非常广阔，远眺东、南、北的平原，近处，可穷千里之目。中秋赏月的是御殿。在乐农轩凭吊西太后勤农的圣意，然后到谐趣园宫门，进入小门，虽然规模小但也围了个小池，轩亭曲榭，溪水潺潺，感觉置身于世俗之外。出谐趣园到德和园，会看到大舞台，再次路过仁寿殿出园，游览结束。

万寿山游览费用目录

一、抵达下车后给赶车人或者司机的伙食费：二十仙到五十仙

二、门票：一人大洋一元二十仙，穿着军服的军人半价（包括各国军人）

三、排云殿门票：一人大洋五十仙，军人没有折扣

四、园内茶钱：一人大洋四十仙

五、谐趣园门票：二十仙

六、需要案内或需要中国人拿便当时可在仁寿殿前雇佣，一人二十仙

参观排云殿也有中国人案内，一般支付十仙就可以

七、离开停车场时要交停车费，马车二十仙，汽车四十仙

最近在西直门和万寿山之间开通了公共汽车，很方便，单程要铜元三十六枚

第九节　玉泉山

玉泉山位于万寿山西南方四华里的西山山麓。依金朝行宫的遗迹，康熙十九年❶在此山设置离宫，名为澄心园，后改名为静明园。从万寿山开通了车道，没有准备汽车、马车的话，可以租骡马作为交通工具。在门前购买门票后

---

❶　公元 1680 年。

进门就能看见勤政殿。右拐穿过松柏林，来到湖畔，左临清泉，右仰玉峰塔。到玉泉水源处有座龙王庙，外郭前是乾隆皇帝御笔题书的"玉泉趵突（涌出的意思）"的石碑，左右有题有"天下第一泉"和"玉泉山天下第一泉记"的两块石碑，都是乾隆皇帝的御笔。从石碑的岩缝里玉泉滚滚涌出，清冽可掬，真是不负天下第一泉的名号。此水向东流入万寿山的昆明湖，再远到北京什刹海注入太液池，成为运河，流经通州汇入白河。南边是观音洞、清以禅窟。再向右拐到达吕祖庙，庙后有吕公洞，洞上有七重塔，称之为华藏海。西侧有一庙一塔，称之为琉璃塔。攀山而上、登上北方的最高峰的话，在绝顶之处有一座七重的玉峰塔。那是金朝行宫的遗址，从数十里之外都可以看见。站在塔边，万寿山、昆明湖就在脚下，远处京城郊外的景象尽收眼底，环顾四周，西山一带的碧云寺、香山、演武厅就在指呼之间，又一块不可失去的胜地。北有妙高塔，原为妙高寺，但崩塌后，现在仅剩一塔。

园内设有玉泉山汽水厂，可以买清凉的饮料。园外有玉泉山旅馆，可以品尝美味的料理。从北京租汽车一个小时就可以到达，夏季游客较多。

玉泉山旅馆住宿费五元、三元（西洋料理）、一元五角（中华料理）

图 3 – 6　玉泉山

门票：五十仙

汽车：往返六个小时，小车（四人乘）十二元，大车（八人乘）十七元

骡马往返：二十仙，仅限从万寿山出发

第十节　西山名所

北京城西的山脉连绵数十里，蟠龙踞虎，统称西山。

即使说北京的风景都由此山把持也无不可。从平则门由
新开的车道走，经八里庄，向西北走，通过顺亲王简亲
王的墓前二十华里后，右拐到达嘉禧寺。再向西走一华
里到西山的八大寺，都可乘坐汽车。要是坐火车穷览西
山胜景的话，必须从西直门经门头沟，过京门枝路，到
三家店下车。此地为平坡山、觉山、卢师山三山鼎立，
遥望其中松柏苍郁，可见殿堂之瓦，因其数有八，所以
名为八大寺。其分别是秘魔崖、龙王堂、三山庵、大悲
寺、宝珠洞、林官寺、长安寺、香界寺。其中处于最高
处的是宝珠洞，最低处的是长安寺，其他宫殿在或高或
低或左或右的地方分布着。寺庙很多与明代建筑有关，
康熙乾隆时重修，直至今日。夏季时被北京的黄沙所恼，
很多人乘车马来此地一日清游，外国人借寺院避暑的情
况也年年增加。因此寺院的僧人为应此需求改造、重修
寺院，一般来说很干净。最近又开设了旅馆，吸收游客
和避暑客。

汽车往返六个小时，小车十五元，大车二十元（征收
中途道路使用费五角）

京门枝路、西直门、三家店之间四十二华里，大概需
要一个小时

三等赁银十仙

第一项　香山

香山位于与万寿山、玉泉山并称西山三山之一的万安山以西，山中有园名静宜，是离宫之地。瑛珞岩的西侧有金朝的古刹甘露寺，树木苍郁，林间有阁楼高塔，十分雅致。这里设有甘露旅馆，为游客提供方便，也有大官的别墅等。昔日的禁地现在游客也可以信步而至，唯古树楼阁留有往日惋惜。

第二项　碧云寺

香山以北有座碧云寺，自元朝耶律楚材后裔阿利吉的宅院喜舍之后、开山之始，明正德年❶间内监于经拓建此寺，天启年间❷魏忠贤重修此寺，追求美轮美奂的极致，规模雄大，之后殿堂渐渐颓废。

寺中有罗汉堂，放有五百罗汉，塑像精致逼真。本堂的后方拾阶而上，有大理石牌楼，里面有两座乾隆帝御制的金刚宝座塔碑，右碑用满文、蒙文，左碑用汉文、梵文刻其由来。再拾级而上到金刚宝座，就是所谓的妙高台。

---

❶　公元 1506—1521 年。
❷　公元 1621—1627 年。

图 3-7　西山碧云寺

传言乾隆十三年❶西僧携带印度须弥山金刚宝座的模型进京，按其样式在此建宝座。宝座总体以大理石制成，背面安置大黑玉佛像，十分庄严。从妙高台中央上台阶，可到五座宝塔下，塔的上部挂有乾隆帝御笔题书的"现舍利光"匾额。立于台上，放眼望去，左方是玉泉山的高塔和昆明湖的波光，右方是香山的绝胜之景，前方烟霞之间俯瞰远处的燕

❶　公元 1748 年。

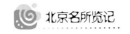

都，后方的太行山不负风光绝佳的美称。境内设有疗养院，不断收容患者。

第三项　卧佛寺

出碧云寺沿山麓向东走约一个小时可到卧佛寺。穿过寺前繁茂的老柏树林，进入牌楼到堂前，就是唐代古刹。当时叫兜率寺，元朝时叫昭孝寺或洪庆寺，明朝时称永安寺，雍正年间赐名十方普觉寺，有敕赐的匾额、御制的碑文。后堂有卧佛像，因此俗称卧佛寺。佛像二丈多，周围有十二尊菩萨。堂前有婆娑双树，约有二人合抱之粗，相传是从西藏传来的，创建寺庙时移植过来的奇树。

图 3 - 8　西山卧佛寺

另外在马鞍山的万寿山是戒待寺，唐朝开始，潭柘山的岫云寺俗称潭柘寺，晋朝开基，是西山最古之寺。瑞云寺、大觉寺、双泉山的香盘寺、隆恩寺、灵光寺等是金朝创建的寺庙，其他与历史有关系的也不少，因此世人称，不游西山便不算游过北京。

第十一节　汤山

北京以北四十五华里有两座涌出温泉的岩石山，这就是大汤山和小汤山。里面有几个小村落，山上山下有几座庙，世人并称为"汤山"。清雍正帝首次在小汤山设立行宫，从此历朝皇帝在政务闲暇都会临幸此地。咸丰以后内有长发贼❶之乱，外有鸦片战争，因此就不再临幸此处，任凭行宫荒芜。温泉井、澡雪堂、漱琼室、飞鸟亭等经风吹雨打渐渐轩倾壁塌，野草茫茫，只留昔日之名。民国六年❷，得到清皇室的特许后，有志者出资组织起汤山温泉株式会社，建起两个大洋馆（汤山旅馆），同时改修旧泉池，可以自由调节温凉充盈室内，宿浴完备。温泉水无味无臭，十分清澈。浴后感觉神清气爽，心旷神怡，因此渐渐有许多

---

❶　清朝统治者对太平天国军队的蔑称。
❷　公元 1917 年。

中外人士乘汽车到此一日清游，洗去身上的都市尘埃。

庭院内散落着绅商的别墅，假山上松柏繁茂，水流清澈的小池是过去就有的。

汤山温泉门票：五角（住宿者不需门票）

汤山旅馆住宿费：六元、三元（西洋料理）

汽车：北京到汤山，一天十二个小时，小车二十元，大车二十五元

火车：从西直门站到沙河站，在这个地方也可以租赁车马；公共汽车五元，洋车骡马，一元五角到两元

图 3—9　汤山温泉

第十二节　十三陵

　　从北京西直门外停车场沿京绥铁道在广漠的平原之乡向北走，在西山一带青山蜿蜒，由西向北环绕的风景映照在车窗上，穿过松柏老槐的墓林、杨柳白榆的小丘、田间的石碑、路旁的农家、点点错落而淡淡炊烟的郊外，就到了南口站。南口是居庸关南部的要隘。到南口旅馆或者华洋饭店租轿子或者驴马，是当天就可以到十三陵的路顺。南口和十三陵之间二十五华里，若道路良好，当天傍晚就可以回到南口。

　　十三陵是安葬明成祖文皇帝到庄烈帝十三位帝王的地方，因此俗称十三陵。陵道途中，有一座大理石造的宏伟牌楼，高三丈，宽十余间，这就是十三陵的正门。由此沿着平坦的大道向北走二华里到大红门，门已轩倾瓦落，飞燕盘旋。再走一华里到大明长陵，有一个题有神功圣德碑的碑亭，碑文是洪熙元年嗣皇帝所作，歌颂永乐帝的神功圣德，背面刻有乾隆皇帝的哀明陵三十韵。这座牌楼左右两侧的数步之外有大理石华表，上刻蛟龙。由此往北有大概十町❶左

---

❶　町为日语中的长度计量单位，1 町约 109 米。

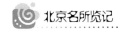

图3－10　明十三陵大理石牌楼

右的间隔，隔着神道是那著名的大理石的石人石兽，体型
壮大，真令人惊叹。遥望北方，天寿山南侧的黄色砖瓦颜
色亮丽，那是成祖的长陵，其右侧是宣宗的景陵，左侧以
仁宗的献陵为起始，隔着山谷，诸陵散在松林之间，黄
瓦、红墙、门楼相连，十三陵集于一眸之间，可一一指
点。再经过牌楼，走下斜坡过河，有一座只留昔日之名残
垣的宏伟大理石桥，坑坑洼洼。过了河，走十几町就到了
长陵。从正门到此处大概十五华里，叫门卫开门后进入廊

内，苍松翠柏郁郁葱葱。右边是顺治帝陵墓重修的上谕，背面是刻有乾隆及嘉庆帝的谒明陵八韵的牌楼。由此过祾恩门，上祾恩殿，祾恩殿东西三十余间❶，南北十五间，殿中有三十二根大柱，高五丈有余，皆为楠木制成。中间是明成祖文皇帝的神位。穿过殿后的小门，就是圆丘上榆树丛生的成祖陵，立于陵上，远眺天寿山山脉横亘西方与险要的居庸关相连，石人石兽宛如小石。现在陵殿的奉祀已经断绝很久了，任其荒废。放眼望去，山河依旧，想到古今兴亡，不胜感慨。

第十三节　万里长城

北塞的万里长城是为了镇压时常扰乱中华的戎狄蛮夷以及防止那些汉人以外的人种入侵而建造的，也是中国人作为国粹自豪的建筑。从南口租轿或驴马出关，在重峦叠嶂的北方山岳中，有一道溪流深谷，沿着溪流向上追溯，道路会渐渐变得陡峭，两岸的山被毛毡草遮蔽，溪边的杨柳随风舞动，这是在中国北方难得一见的景趣。从南口出发走十五华里，山势逐渐险峻的地方就是居庸

---

❶ 间为日语中的长度计量单位，1 间约 1.818 米。

关，奇岩峭壁，断崖千丈，可谓鬼斧神工之妙。在悬崖
峭壁上建造城墙，加上天险，在惊叹人工的同时，真可
谓是绝险。进入关门，关中有百余户。街道的中央是楼
门，下面是隧道，车马自由通行。楼门上是过去叫春安
寺的寺庙，现在是废寺，只残留基石。隧道的内部是大
理石建筑的，这里有四天王、千佛体以及汉、梵、西藏、
女真、回纥、蒙古等六种语言的经文。听说是元代的雕
刻，学术上很值得参考。由此走上八华里有座小城，俗
称上关。所谓的居庸三关就是南口、居庸、上关的意思。
再走七华里，山势急迫险峻，屹立中央，好像走到了路
的尽头，这里就是弹琴峡。流水击打岩石的声音好似弹
琴，以此得名，村民也叫它五贵头。京绥铁道穿行在危
险的半山腰。绕过此岩，蜿蜒的长城远在天边。再走十
华里就到了八达岭。这里距离南口四十华里，需要四个
小时。城门高处题有"北门锁钥"。登上长城，可以看到
高约二丈、宽约二间的城墙，蜿蜒千里。在各个重要的
地方设有烽火台，警戒外敌入侵。一旦有紧急情况就燃
起昼间烟、点起夜间火，传递警报，以此严守要塞。正
所谓一夫当关万夫莫开，真可谓是北门的锁钥。八达岭
是居庸路最高处的分水界所在，立于岭上的烟火台眺望，
这一带的大山脉东西相连，宛如重叠起伏的波涛。遥望

蒙古路，平沙远接云际，更能望尽一座山脉的走势。回首望去，可以俯瞰居庸关。长城是点缀分水岭高峰的建筑，其规模之雄大，令人叹为观止。立在城墙上，一眼之间气宇豁然开朗、顿感天下之小。

不想饱览居庸关的胜景仅游览八达岭就可以的话，可乘坐从南口到青龙桥的火车，再从青龙桥走三华里到八达岭。

图 3 – 11　八达岭长城

旅行的路程、住宿及所需费用：

第一天：西直门和南口之间二十五英里，火车大概行驶两个半小时，当日参观十三陵，南口和十三陵之间约二十五华里，晚上在南口住宿一晚。

第二天：游览居庸关、八达岭，晚上在南口住宿一晚。

第三天：回北京。

若第二天就想回北京的话，第二天早上乘坐从南口出发的货车（需要二等票）到青龙桥，游览八达岭后，乘坐当天从青龙桥出发的火车就可以回到北京。如果只是游览八达岭的话，乘西直门出发的早车到青龙桥，傍晚的时候就可以乘车回到北京城，南口和青龙桥之间十一英里，火车大概行驶一小时。

火车费：

西直门和南口之间一等座一元八十仙，二等座一元二十仙，三等座六十仙。

南口和青龙桥之间一等座九十仙，二等座六十仙，三等座三十仙。

在南口有接待外国人的旅馆——南口旅馆和华洋饭店两家，住宿费都是一等房五元，二等房三元，三等房一元五角。

轿子、驴马租赁：

轿子：一天四元到五元

驴马：一天一元

轿子、驴，旅馆都有准备，随时可以租赁。

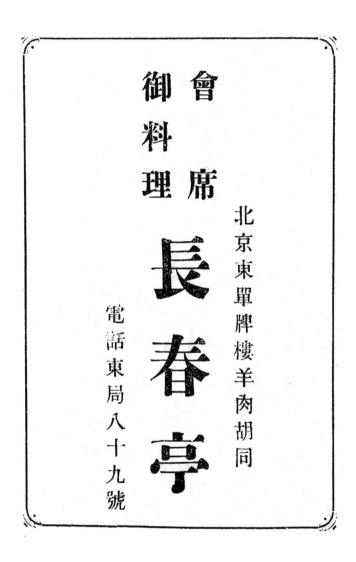

會席 御料理

長春亭

北京東單牌樓羊肉胡同

電話東局八十九號

日本料理广告。

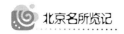
泌尿生殖科

産科婦人科

北京東單牌樓東長安街二條胡同

江口醫院

電話東局二八三八號

医院广告。

石佛寺及北京附近
名所寫眞、寫眞器
械及各種材料、販
賣寫眞製版

北京崇文門大街總布胡同西口

東華製版所照相材料行

電話東局二七九四號

照相器材店广告。

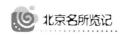

営業品目

内外食料品

内外諸雑貨

最新呉服反物

袋物化粧品類

品質優良

価格低廉

陸軍々隊御用達

北京東単牌楼大街

日清洋行

行主 菊田愛蔵

電話東局八十四号

洋行广告。

第四章　雑　項

第一节 在北京的主要的日本行政机关、报社、公司、商店、医院

第一项 行政机关

日本公使馆　东交民巷　电话东局　一二

陆军武官室　同　　电话东局　三零五

海军武官室　东郊丁香胡同　电话东局　二五零

日本兵营　东交民巷　电话东局　三零零

日本邮局　同　电话东局　一二五

日本警察署　同　电话东局　二八

日本人居留民会　东单牌楼三条胡同　电话东局
一五八

日本居留民会图书馆　东单牌楼三条胡同　电话东局
一五八

北京小学校　同　电话东局　二四四

大和俱乐部　同　电话东局　八七

华语同学会　霞公府　电话东局　一三四

本愿寺　东四牌楼六条胡同　电话东局　一五九

三井书院　北城分司厅胡同　电话东局　七二二

三菱书院　史家胡同　电话东局　一零五

第二项　报社及通讯社

顺天时报社　正阳门内化石桥　电话南局

一、零三五　一、一三五

新中国社　东城大甜水井　电话东局一、八六一

京津日日新闻社　东城五老胡同　电话东局　一五六

英文华北正报　东城船板胡同　电话东局

一、六二二　一、二二零

东方通信北京支社　东城西观音寺胡同　电话东局

一、一二一

亚细亚通信社共同通讯社　东单牌楼新开路　电话东局　五四一

第三项　公司、商店、医院

横滨正金银行北京支店　东交民巷

三井洋行　总布胡同

三菱公司　东单牌楼大街

泰平公司　东城新开路

大仓洋行北池子北头

久原公司　西城化石桥

华腾建筑公司　东城栖凤楼

日华同仁医院　东城三条胡同

川田医院　东城二条胡同

古河公司　东城三条胡同

山本医院　旧刑部街

山中商会　麻线胡同

国际观光局　王府井大街

砂田医院　南池子冰窖胡同

通运公司　正阳门停车场内

东亚烟公司　东城苏州胡同

仓田医院　西城兵部洼

天津银行北京支行　崇文门大街

加藤洋行　崇文门大街

日华洋行　崇文门大街

日清洋行　东单牌楼大街

信义洋行　东单牌楼大街

信昌洋行　霞公府

东亚公司　东单牌楼大街

池田医院　西城石驸马大街路南

川崎洋行　麻线胡同

原田医院　顺治门外西草场胡同

普济医院　顺治门外南横街

秦章洋行　东城羊肉胡同

利华洋行　西单牌楼大街

青林堂　东城八宝胡同

山本写真馆　霞公府

江口医院　东长安街

西湖堂　东城裱褙胡同

稻川电器行　东城苏州胡同

佐生洋行　东城八宝胡同

福田商店　崇文门内

北野齿科医院　东城总布胡同

佐野吴服店　东城裱褙胡同

冈本染工场　东城裱褙胡同

北京堂　东城观音寺

三浦商店　崇文门大街

大藏洋行　东城观音寺

岩田写真馆　打磨厂

森野洋行　东城观音寺

加荣商店　东城羊肉胡同

东晋洋行　东交民巷

田原商店　东城八宝胡同

伊东齿科医院　东城八宝胡同

清友洋行　东城八宝胡同

东华制版所　东城总布胡同东口

三志洋行　打磨厂

春名医院　前门外取灯胡同

相川写真馆　东城小报房胡同

谷水药房　东城三条胡同

东华洋行　东单牌楼大街

第四项　旅馆

位于北京的日本旅馆有五家，其中扶桑馆新建完成，和洋各室的设施自不用说，还设有接待室等。现在也是唯一接待日本人的旅馆。

扶桑馆　东单牌楼大街　电话东局　六三及九三

住宿费　上等七元　中等六元（赠送三餐）

东华饭店　崇文门大街　电话东局　四三

住宿费　五元（赠送三餐）

一声馆　东单牌楼南船板胡同　电话东局　三四七

住宿费　一等三元　二等二元五十仙（赠送三餐）

一二三馆　东城羊肉胡同　电话东局　四六九

住宿费　一等五元　二等四元（赠送三餐）

松尾家　前门外东河沿　电话南局　一六五

住宿费　一等三元　二等二元五角（赠送三餐）

为方便旅客，各家旅馆会在每班火车进出站的时候派遣店员到停车场。

第五项　料理店

在移植到燕京的日本樱花下享受浅酌低唱之精粹或者随性发挥春宵千金酬风醉月雅兴的地方是以下两家旗亭。

长春亭　东单牌楼羊肉胡同　电话东局　八九

朝日轩　东城沟沿头　电话东局　一二三

制作料理店

万岁屋　东单牌楼八宝胡同　电话东局　二五八

二叶　同　羊肉胡同　电话东局　二零三

鱼作　同　八宝胡同　电话东局一、八五零

幕田屋　同　电话东局　一、一一二

新泉　范子平胡同　电话东局　二、八三九

第二节　主要中国行政机关、学校、商行、旅馆、剧场等

第一项　行政机关

大总统府　中海

国务院　南海

内务部　内务部街

外务部　石大人胡同

财务部　西长安街

教育部　东铁匠胡同

交通部　西长安街

司法部　刑部街

农商部　粉子胡同

陆军部　铁狮子胡同

海军部　铁狮子胡同

参谋本部　西安门内

将军府　炒豆胡同

平政院　丰盛胡同

大理院　法部街

审计院　缴子胡同❶

蒙藏院　八颗槐

全国水利局　西单达智营

盐务署　西长安街

币制局　船板胡同内毛家湾

税务处　西堂子胡同

全国烟酒事务署　户部街

修订法律馆　绒线胡同东口

京畿卫戍总司令部　西城顺城街

总监察厅　刑部街大理院

京师高等审判厅　绒线胡同东口

京师高等检察厅　绒线胡同东口

步军统领衙门　帽儿胡同

京师警察厅　户部街

参议院　象坊桥

众议院　象坊桥

中央医院　平则门内大街

公债局　西交民巷中国银行内

---

❶　"缴子胡同"应为"徼子胡同"的笔误。徼子胡同具体位置在西单北大街东侧，堂子胡同之北，灵境胡同之南，现已更名为东槐里胡同。

印铸局　王府井大街

交通部邮政总局　西长安街

地方审判厅　刑部街

地方监察厅　刑部街

京师传染病医院　东四、十条胡同

京师宪兵司令部　旧刑部街京畿道

京师第一监狱　彰仪门外

京师第二监狱　德胜门外

京奉铁路局　前门东站

京汉铁路局　东长安街

京绥铁路管理局　西四、羊肉胡同

京师图书馆　安定门内方家胡同

京都市政公所　西长安街

京兆尹公署　交道口

京师学务局　东铁匠胡同

青年会　米市大街

财政部印刷局　白纸坊

财政部公估局　廊房头条

航空事务处　旃坛寺

株钦铁路局　头发胡同

通俗图书馆　宣武门内

商品陈列所　彭仪门大街

救世军中国本部　西堂子胡同

无线电报局　天坛·东便门外

电话南局　琉璃厂

电话东局　灯市口

电话西局　缸瓦市

电报局　东长安街

农商部第一林业试验场　天坛

桥工事务局　南海瀛台

历史博物馆　午门外

银行公会　前门内西皮市

战后经济调查会　天安门内

参路办公处　中海

铁路协会　西长安街

陆军呢革厂　清河

陆军被服厂　禄米仓

航空教练所　南苑

中央观象台　泡子河

北京工艺官局　章仪门大街

第二项　学校

北京大学　马神庙

中国大学校　西城根

中央法政专门学校　打磨厂五老胡同

北京医学专门学校　后孙公园

北京高等师范学校　琉璃窑

北京农业专门学校　罗道庄

北京工业专门学校　祖家街

北京美术学校　旧刑部街

北京师范学校　祖家街

交通部邮电学校　李阁老胡同

交通部铁路管理学校　李阁老胡同

协和医学校　石牌坊西

法政专门学校　太仆寺街

高等警官学校　北新桥

陆军军医学校　齐化门内北小街

陆军兽医学校　富新仓

陆军讲武堂　旗坛寺

陆军大学校　西直门大街横桥

朝阳大学　汪家胡同

测量学校　祖家街

宪兵学校　东四、四条

燕京大学　崇内盔甲厂

清华学校　清华园

北京日本语学校　西单牌楼东二条胡同

陆军军需学校　煤渣胡同

新华商业学校　西安门外

其他中学程度的学校约三十所

第三项　中国的银行

中国银行　西交民巷

交通银行　西河沿

大陆银行　西交民巷

大生银行　煤市街云居寺

大宛农工银行　化石桥

中孚银行　前门大街

中国实业银行　西交民巷

五族商业银行　煤市街

北京商业银行　西交民巷

平市官钱总局　魏染胡同

平市官钱局　珠宝市

东陆银行　施家胡同

金城银行　西河沿

通惠银行　排子胡同

华充银行　珠宝市

殖边银行　施家胡同

新华储蓄银行　廊房头条

新亨银行　瑞金大楼

豫丰银号　东四牌楼

边业银行　西河沿

盐业银行　西河沿

大中商业银行　煤市街大马神庙

致中银行　西河沿

北洋保商银行　打磨厂

聚兴诚银行　煤市街

浙江兴业银行　施家胡同

明华银行　煤市街

劝业银行　西河沿

中华储蓄银行　打磨厂

第四项　中国的公司

北京证券交易所　前门外大街甘井胡同

京师华商电灯公司　正阳门内

自来水公司　正阳门内

通惠实业有限公司　绒线胡同

中国南洋兄弟烟草公司　香厂

华伟房产有限公司　西长安街

宝昌煤矿公司　史家胡同

大成呢革公司　煤市街

大昌烟草公司　煤市街

大丰纸烟公司　前门大街

大有酱业公司　齐化门外

大中公司　化石桥

山东矿业有限公司　甘石桥

中国电气有限公司　表章库

天津造胰公司　观音寺

六河沟煤矿公司　小草厂

五大股份有限公司　王府井大街

永明人寿有限公司　王府井大街

北京华阳人寿保险公司　王府井大街

光华眼镜公司　观音寺

百通煤矿公司　宣外西城根

宏利人寿保险公司　沟沿头

金山矿泉汽水公司　西观音寺

协利贸易公司　鲜鱼巷

林记豆精乳公司　隆福寺西口

亚维一藤竹器公司 李铁拐斜街

晋和祥烟卷公司 观音寺

康年人寿保险公司 延兹府如意胡同

华丰织染公司 西柳树井

华安合群保险公司 王府井大街

云气电气公司 船板胡同

裕国实业公司 史家胡同

开源转运公司 东河沿

贻来牟和记面粉公司 西便门内

杨辉制面有限公司 河泊厂

龙烟铁路公司 小土地庙

玉泉山啤酒汽水有限公司 西三座门

双合盛五星啤酒汽水厂 广安车站

丹华火柴公司京厂 崇文门外后池

北京工艺商局 琉璃厂

祥聚织布厂 崇文门外上三条

福盛织布厂 交口道东

老天利珐琅工厂 东城新开路

德善织布工厂 崇文门外宝庆胡同

电影公司 前门外大栅栏

义和公制玉厂 崇文门外中二条

第五项　中国的旅馆

中国的旅馆多为中洋式壮丽的大厦，不乏设施亦完备之所。

东方饭店　前门外香厂

住宿费　三元以上至五元

西洋料理　一元、一元二角、一元五角

大陆饭店　王府井大街

住宿费　四元五角

露西亚❶料理　一元二角

东安饭店　东长安街

住宿费　五元

金台旅馆　西河沿

群贤旅馆　西河沿

中西旅馆　西河沿

第一宾馆　打磨厂

金台旅馆以下的住宿费在一元以上三元以下，都包含中餐。

---

❶　日本对俄罗斯的称呼。

第六项 饭馆子（中国料理店）

同日本一样，料理店有饭庄子、堂、饭馆、楼、居等大小之别。在大料理店点菜，以桌计算，一桌通常是六人，但也可安排八人甚至十人为一桌。食物的美味程度，根据价格高低也不尽相同，一桌从八九元到五六十元甚至高达百元都有。一桌之上摆着许多水果、蔬菜、肉羹、鱼类等，汇集四季美味和山海珍品，其味道鲜美、油脂浓郁，非日本的清淡料理可比。虽说如此，但看到那衣衫褴褛的服务生们拿着不干净的抹布擦拭着餐具，山珍海味反而会成为令人作呕的材料。料理店的宴席可以随意设在自家宅院或料理店内，但还是在料理店内设宴的居多。饭馆则堂宇、堂房明净华丽，餐具也比较完备，用于招待不会有任何不便之感。在小料理店吃饭，虽然会按照客人的要求在桌上摆放一盘一碟的料理，但与大料理店相比，器具、房屋的设施要相差很多，价格也相对低廉。

在中国料理中有北京、山东、天津、河南、福建、广东、回族等各有特色的料理，种类繁多，通常有如下种类：

凉菜类十八种、肉类五十八种、鱼类四十八种、素菜十三种、点心十四种。

酒的种类有：

分白干、玫瑰露、茵陈、莲花白、五加皮、状元红、史国公、绍兴、陈绍、花雕、黄酒等十一种。

在北京，料理店主要有以下几家：

京汉铁路局饭店（西餐，一餐一元五角）

天寿堂、福寿堂、惠丰堂、天福堂、天和玉、致美楼、东兴楼、正阳楼、杏花春（蒙古料理）等。

第七项　剧场

在中国，剧场不会离料理店太远，出现这种关系是因为中国人的商议习惯，不管是官吏还是商人，喜欢在料理店边喝酒吃饭边商谈事务，商谈结束后通常就会去剧场观剧。剧院非常嘈杂，乐器声震耳欲聋，一般舞台不会随着每一曲发生太大变化，要判断一曲的变化比较困难，因此若不是精通此道的人大多不会产生什么快感，反而会因铜锣的响声而感到不快。

在北京的剧院主要有以下几家：

第一舞台、文明茶园、中和茶园、广德楼、广和楼、庆乐茶园、吉祥茶园、天乐茶园、三庆茶园等。观剧的费用通常是十二至三十枚铜钱，像第一舞台这样设施完备的剧院在三十五仙到九十仙。

第八项　清吟小班（中国艺妓）

在缺少天然风致、美丽色彩的荒寥单调的北京，由渴望听到天音之美导致想要倾听人声之美是人情所在吧。歌妓，也就是唱出了人声之美，喜欢剧场歌伎的原因之一便是能听到人声之美，慰藉一天的疲劳。藏有歌伎的家被称为"班"。只要客人一到，叫她们的名字，就要伺候。这些云鬓花颜的伎女迈着窈窕婀娜的莲步，静静地走到房间门口，任前来的客人挑选，取舍任凭客人随意。被看中就被叫去服侍。进入到准备好的红罗、复帐、角枕、锦衾的深闺，才问名字，进行敬茶、劝烟等应酬。遵从客人的要求唱歌，由男子拉胡琴。立在门口、倚着柱子以放松小脚，轻啼娇音。其声音韵调的美妙之处在于抑扬相合，到达绝妙之处便是人声与胡琴声完美合一，无法区分。一曲结束，再次服侍客人。客人则给出一元至两元的茶钱，乘兴离去。想听曲的绅士们乘马车、乘汽车纷至沓来，谁看到这样的场景不会震惊呢。

窄斜巷中小有名气的有：

前门外石头胡同、陕西巷、百顺胡同、韩家潭、王广福斜街、燕脂胡同。

第九项　劝商场

东安市场　东安门外丁字街

东河市场　打磨厂路北

西安市场　西安门外大街

西河市场　西河沿路北

西单市场　西单牌楼路西

新丰市场　西四牌楼路西

广安市场　菜市口路北

地安市场　地安门外路西

天桥市场　前门外天桥迤西

劝业场　前门外廊房头条

首善第一楼　同

青云阁　前门外观音寺街

集云楼　前门外煤市街

望园　前门外李铁拐斜街

第十项　市场

一、金银宝石类

银钱市　前门外珠宝市中间

珠宝市　前门外迤西

玉器市 前门外门框胡同

崇文门外花市四条胡同

二、食品类

米市 东四牌楼迤南

肉市 西河沿东头市场内

　　　东四牌楼报房胡同

鱼市 前门外西河沿东头路北

菜物市 前门外瓜子店 德胜门内迤东

水果市 前门外瓜子店

　　　　德胜门内迤东

蔬菜市 前门外西河沿北沿

　　　　宣武门外迤南广安市场

瓜市 前门外瓜子店迤南

　　　右安门大街

三、衣类

估衣市 前门外精忠庙东大市（早市）

皮衣市 同（同）

棉花市 东直门岔子胡同（同）

四、鸟兽类

雀市 花市大街小巷内

　　　宣武门外路东

东四牌楼隆福寺内

马市　东四牌楼迤北

羊市　德胜门外迤北大街

猪市　东四牌楼迤西

油、葫芦市　崇文门外花市大街中间

五、杂货类

杂货市　前门外瓜子店（早市）

　　　　德胜门内大街（早市）

杂货夜市　西珠市口每月一日、四日、七日（阳历）

同　　　　前门大街每月二日、五日、八日（同）

同　　　　崇文门大街每月三日、六日、九日（同）

六、庙市

东岳庙　朝阳门外每月一日、二日、十五日、十六日（阴历）

土地庙　广安门内每月三日（阴历）

花儿市　崇文门外每月四日

护国寺　西四牌楼每月七日、八日（阴历）

隆福寺　东四牌楼每月九日、十日（阴历）

七、古物市

天桥　前门外金鱼池西　每日

早市　每天早五点到早八点　崇文门外金台书院

　　宣武门外大街路西

　　德胜门外迤东

　　虎坊桥

夜市　每天下午两点到晚上六点　朝阳门外大街

　　宣武门内大街路西

第三节　北京地区外国行政机关、学校、医院、公司、旅馆

第一项　行政机关

英国公使馆　东交民巷

法国公使馆　同

美国公使馆　同

意大利公使馆　同

德国公使馆　同

奥地利公使馆　同

俄国公使馆　同

荷兰公使馆　同

葡萄牙公使馆　霞公馆

丹麦公使馆　东交民巷

法国邮局　东交民巷

英国邮局　同

俄国邮局　同

美国邮局　同

北京俱乐部　同

第二项　学校

汇文大学　崇文门内船板胡同

协和医学堂　东单牌楼大街

耶稣圣心女学堂　东单牌楼三条胡同

法文学堂　西城顺城街

北京慕贞学校

第三项　医院

法国医院　东交民巷

美华同仁医院　崇文门内

美国医院　安定门外二条胡同

妇婴医院　孝顺胡同

施医院　新开路、石大人胡同、石牌坊、帅府胡同
四地

德国医院　东交民巷

安立甘医院

意大利施医院

第四项　银行

汇丰银行　东交民巷

花旗银行　同

华俄道胜银行　同

东方汇理银行　同

华比银行　同

麦加利银行　同

第五项　商行

万国寝台列车会社❶　东交民巷

托马斯库克社❷　东交民巷东清铁道厅内

乌利文洋行　东交民巷西口

佛来地❸　东交民巷

增茂洋行　东交民巷

---

❶　全称为"鲜满铁道万国寝台列车会社"，出处为日本外务省外交史料《鲜满铁道万国寝台列车会社卜ノ間二急行贅沢列車創設二関スル契約一件》。

❷　托马斯·库克旅行社。

❸　不详。

福隆洋行　王府井大街

胜茂洋行　崇文门大街

麓记西服庄　王府井大街

济本斯洋行　东城镇江胡同

欧美洋行　喜雀胡同

利华大药房　东交民巷

大丰洋行　东交民巷

白耳义大中营造❶公司

北京平安电影公司　东长安街

福公司　大佛寺北岔

利威洋行　东交民巷

裕中营造公司　总布胡同

比国商业公司　石大人胡同

美孚洋行　东单牌楼二条胡同

华利洋点心铺　东交民巷

茂盛洋行

新记行　东交民巷

怡大洋行　崇文门大街

路透电报有限公司　东长安街

力古洋行　崇文门大街

---

❶　建筑。

金安氏大药房　东交民巷

英商福隆洋行　东交民巷

品大洋行　东交民巷

茂生洋行　东城三条胡同

慎昌洋行　东城二条胡同

佛国面包房　崇文门内

英美烟公司　东城孝顺胡同

美丰洋行　东长安街

协和烟公司　东交民巷

协隆洋行　总布胡同

华隆洋行　王府井大街

公懋洋行　东城三条胡同

福中总公司　宣武门外西城根

正昌洋行　东交民巷

怡和洋行　东交民巷

开滦矿务局　东交民巷

亚洲石油会社　东城小羊宜宝胡同

中英公司　东交民巷

和利洋行　东城二条胡同

中国电气公司　南池子

东省铁路公司　东交民巷

正昌面包房　东交民巷

照相公司　东交民巷

北京电灯公司　东交民巷

中法储蓄会　东交民巷

中英银公司　东交民巷

第六项　旅馆

北京饭店　东长安街

六国饭店　东交民巷

长安饭店　王府井大街

电报饭店　东长安街

北京饭店和六国饭店装修华丽，客房充足，住宿费在八元以上到十五元之间，早餐一元，中、晚各餐一元五十仙左右。

其他旅馆的住宿费在四元到五元。

第四节　在北京的中外合办商行

中法实业银行（法）东交民巷

中华懋业银行❶（美）西河沿

中日实业公司（日）化石桥石桥别墅

中华汇业银行（日）瑞金大楼

友华银行（美）东交民巷

华义银行（意）东交民巷

东方人寿保险有限公司（日）石大人胡同

第五节　车行

▲汽车公司

大藏洋行　东城观音寺　电话东局三四

金龙汽车行　南池子　电话东局一、二零四

一、四六六

升昌汽车行　灯市口　电话东局一、七五三

华丰汽车行　灯市口　电话东局二、五八八

美华出赁汽车行　王府井大街　电话东局五七一

美华金记汽车行　王府井大街　电话东局一、一一六

美丰汽车行东　东长安街　电话东局二、二二九

燕京汽车行　东城观音寺胡同　电话东局一六九

---

❶　中华懋业银行成立于 1919 年（民国八年）4 月，中美商人合办。

上海汽车行　王府井帅府园　电话东局二、七九九

荣飞汽车行　西交民巷　电话南局一、四八四

▲汽车租赁价目概数表

（1）轿车，大人、儿童四人乘坐，一小时银洋二元五毛以下，每增加一小时加洋两元

（2）同上，大人八位乘坐，一小时银洋三元五毛以下，每增加一小时加洋两元

（3）一日十二小时以内，小车十八元，大车二十三元

（4）玉泉山往返六个小时，小车十二元，大车十七元

（5）前往南北苑六个小时以内，小车十元，大车十五元

（6）前往万寿山往返六个小时以内，小车十元，大车十五元

（7）八大处往返六个小时以内，小车十五元，大车二十元

（8）前往万牲园四个小时以内，小车八元，大车二十元

（9）前往跑马厂六个小时以内，小车十元，大车十五元

（10）汤山往返一日十二个小时，小车二十元，大车二十五元

（11）前往汤山转到八大处，小车二十五元，大车三十元

（12）通州往返六个小时以内，小车十元，大车十五元

（13）前往仰送驿❶，银洋两元，到西直门两元五毛

（14）若超出上述限定时间以上时，每小时小车增加二元，大车增加三元

（15）为方便起见，长于一周的长期租赁会有折扣，另外要多给司机一元酒钱

▲郊外公共汽车

西直门到万寿山间　铜元三十六枚

朝阳门通州间　铜元四十枚

永定门南苑间　铜元二十枚

▲马车公司

飞龙马车行　北池子　电话东局八八六

飞骅马车行　王府井　电话东局一、五六三

瑞记马车行　西长安街　电话西局一九四

升昌马车行　东城米市街　电话东局八六八

华通马车行　东四牌楼大街　电话东局一、七六一

华利马车行　灯市口　电话东局六五七

---

❶ 不详。

顺记马车行　灯市口　电话东局七二三

大马车（两匹拉）一日租金　八元

同（单匹拉）同　六元

小马车（双匹拉）一日租金　六元五十仙

同（单匹拉）同　四元五十仙

备注

万寿山的往返算做一日，对征收一日租金的乘客还要另收一元酒钱。

▲人力车

在城内外各地均有停留所。

一日租金　一元乃至一元五十仙

一小时租金　二十仙乃至五十仙

万寿山往返　一元五十仙

备注

雨天一般会要求加价；

东交民巷附近的人力车一般价格较高，与其他的车相比有干净、途中速度快的长处。

北京に在りて日本菓子に旅情を

慰めんとする御方は

和洋菓子一式

製菓仕候

幷に季節に應じ

北京東城八寶胡同

青林堂製菓舗

電話東局一四〇〇號

多少に係はらず電話にて御用命

下され候はゞ早速御屆け申上候

点心铺广告。

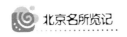
正陽門停車場御下車後直ぐ向ふに見ゆる
は勉強と懇切を標傍して居ります

高等御旅館
下　宿
會席仕出し

尚は近頃東京ニテ流行の鶏のソップ羹調進

松 尾 家

前門外東河沿
電話南局一六五號

旅馆广告。

信用本位

貴金屬美術細工所

及販賣並時計商

其他寶石類、翡翠賣買

天津日本租界壽街

西原金店

天津日本租界曙街

西原出店

店主西原彦治

電話二四二七號

金店广告。

第五章　石佛寺

　　从北京西直门停车场通过京绥铁路，途经八达岭、张
家口，汽车行驶十二小时到达山西省大同府。从停车场到
府城约二十町的距离。这里是春秋时代北狄的居城，北魏
的拓跋氏在此建都。石佛寺在府城西三十余华里的云冈
山，是北魏时代（公元386—534 年）的遗物，昙曜和尚❶
开凿雕刻。寺庙结构雄丽宏妙，寺后的天然石上雕刻了大

图 5 - 1　云岗山石佛寺

---

❶　北魏复兴佛教的名僧昙曜，籍贯、生卒年不详。

至数十尺、小至几寸的大小无数的石佛、多宝塔之类，不失为精巧美妙的一大奇观。其中雕刻在四层楼殿后断崖上的高七十尺的大佛坐像，是可与日本奈良的大佛像相媲美的杰作。这可与河南省龙门石佛并称中华古代艺术精华，是游客不可不游的古迹。

▲旅行路线及住宿地所需费用概算

第一日　北京—张家口，汽车五小时

第二日　张家口—大同府，汽车七小时

第三日　大同府—石佛寺，汽车或驴马五小时

图5-2　石佛寺大石佛

第四日　大同府—张家口

第五日　张家口—北京

从北京每周有两趟直达大同的列车，从张家口每天有一趟直达大同的列车，因此，如果从北京坐直通车到大同，可缩短一天甚至两天的行程。

张家口、大同方面的住宿费大约一元五十仙。

两人乘一台轿车往返，一般需要两元至三元，但有时也需要五六元。

骑马，一匹一天一元。

旅馆：

张家口有金台旅馆、迎宾楼、东华栈、新华栈等。

大同府有高陞栈、东华栈（城外）、通顺栈、泰安栈（城内）。

第一节　西陵

西陵在北京西南京汉铁路沿线的易县。清世宗（雍正帝）于公元1730年开始在此地修建陵墓，也就是世宗陵（泰陵）、仁宗陵（昌陵）、宣宗陵（慕陵）、德宗陵（崇陵）四陵。永宁山、照山、华盖山、皇山、紫荆关、玉峰、虎掌口、乌龙沟、羕磨山、官作岑、洪崖山、奇峰

图 5 – 3　西陵

岭、映壁山、寿星山等各座山峰或前后或左右连绵不绝，易水灌入，规模宏大，不失为绝好的陵寝之处。从京汉铁路高碑店停车场换乘开往西陵支线到终点站梁格庄下车，向西五华里就能遥遥看到分散的陵墓，在站前租驴马或租轿车，大约一个小时就可到达。

从高碑店站每天有一趟二三等混合列车出发，约两小时到达梁格庄。

梁格庄有中国旅馆，住一晚加餐费一共一元五十仙

左右

驴马五角，轿车一元。

第二节 石经山云居寺

从京汉线琉璃河站三十华里会到云居寺。后山名为石经山，峰峦秀拔，因与天竺山相似，因此此地被称作小西

图5-4 房山县石经山

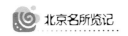
天。石经山东面是石经洞。隋朝大业年间法师静琬❶凿石成洞，内壁藏有版刻的佛教❷，以传后代子孙。唐贞观初期仅刻成一部《大涅槃》❸。静琬死后，子孙继承其业，期待大成。经过了金、辽各个时代，完成了五千卷石刻，纳于洞中。经过了一千年直到今天，被完整地保留了下来。站在洞窟前观此伟业，有谁能不惊叹伟人的努力呢?! 附近名胜也很值得探访，特附末尾，劝君一游。

北京—琉璃河，汽车约三小时

琉璃河—云居寺，驴马约五小时

虽然没有旅馆，但在云居寺内居住十分方便，费用随意

驴马一天一元

---

❶ 静琬（？—639 年），隋代僧。籍贯不详。又作净琬。

❷ 根据上下文此处"佛教"应为"佛经"之误。

❸ 《大涅槃》是佛教经典。又称《涅槃经》《大般涅盘经》《大涅盘经》。

第六章　天津概观

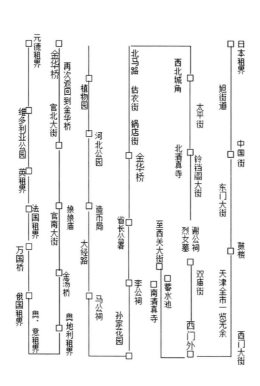

第一节 沿革

天津位于渤海湾白河河口上游约三十七浬❶，距北京以南八十七浬处，追溯到夏朝时期，被称为冀州，春秋战国时期属幽州。直到明代初期设置天津三卫镇后，才称天津。明朝永乐二年建城郭，号天津卫。清朝雍正三年改为天津州，雍正九年改称为天津府，直到最近才称天津县。

原来天津成为外国贸易场，是由于咸丰八年（安政五年，公元 1858 年）英法联军攻占北京后，英国额尔金伯爵和清政府签订《天津条约》开放了港口。如今，作为中国北方唯一的商埠地，逐年发展成兴隆之地。宏伟的商铺，繁华的市况，是执掌着中国北方门户大商场的最好凭证。天津东停车场附近是俄国租界。横渡架在白河的万国桥，沿着白河是法国租界、英国租界。此处俗称"二租界""紫竹林"。其下游为德国租界。日本租界在中华街❷

---

❶ 双音节汉字，海里的旧称，念作"海里"，是一个在航海中使用的长度单位，通常等于国际单位制 1852 米。1977 年 7 月 20 日，中国文字改革委员会、国家标准计量局联合发出的《关于部分计量单位名称统一用字的通知》规定仅用海里，淘汰浬。

❷ 中国政府控制区域。

和英法租界的中间，占据有利位置。其他租界如意大利租界、奥地利租界等位于万国桥上游（德国、奥地利两租界由于中国对德宣战而被收回主权归自国管理。关于俄国租界，趁着目前俄国内乱，驻华俄国公使的职权行使不被承认，据说要等到俄国正式政府成立，该租界都归中国管理）。之后，各国为了租界的发展、完善而不断努力，取得了长足的进步。市区街道整洁，高楼大厦鳞次栉比，昔日寒酸的小村庄，现在已经是一派繁荣的景象。

旧市街的中华街，几乎位于全市的中央位置，昔日的城壁关门已经撤去。如今，开通大马路通了电车，旧时的面貌已经焕然一新。在城内设有中国官署、学校等。商业繁荣，与日本租界相接的东门外的宫北街、宫南街，北门外的锅店街、针市街等，银行商铺鳞次栉比，行人络绎不绝。

坐京奉线从北京或奉天来的旅客们前往居留地，在天津东站下车比较方便。由于不了解，因此往往在天津总站下车，不得不支付多余的车马费用，多有不便。若由津浦线前往上海、南京、青岛方向，在哪里下车则需要具体联络。

天津东站到日本租界的马车、人力车费用如下：

人力车　约二十仙

马车　五十仙到一元

电车　三仙到五仙

第二节　天津的人口

虽无确切的统计，但综合多种材料来看，天津全市人口约八十万，日本人的人口约四千五百。

第三节　天津的名胜古迹

▲海光寺

目前作为日本驻屯军兵营的海光寺是由成衡之❶和尚于清朝康熙四年❷建成的寺庙，最初曾命名为普陀寺，十四年❸之后圣祖御赐"海光寺"匾额，遂更名为海光寺。当时在周围种了一万棵杨柳，如今已经所剩无几。这里曾是英清谈判的场所，之后在此地设立西机器局❹，北清事变，日军占领此处修建兵营，才使得这一历史遗迹得以保存。

---

❶　清朝僧人，法号成衡，生卒年不详。姓钱，字湘南，浙江嘉兴人。

❷　根据史料记载，"康熙四年"（1665 年）应为"康熙四十四年"（1705 年）之误。

❸　康熙五十八年，1719 年。

❹　天津机器局的分局之一。清朝同治五年（1866 年）八月二十八日，总理各国事务大臣恭亲王奕䜣等上奏：议在天津设局，专制外洋各种军火机器。由三岔河口通商大臣崇厚筹划。同治皇帝御批："依议"。崇厚受命后，在天津访询外国官商，了解西洋各国军火工业情况。崇厚先在城南海光寺建立天津机器西局，以制造枪炮军械为主。

▲ "大和公园"❶

"大和公园"在日本租界，明治三十九年❷建造。池水环绕，移植树木，设立音乐堂，夏天有喷泉。路边百花绽放，园内有公会堂，有北清事变纪念碑❸，已故美国陆军大佐❹纪念碑等。

▲维多利亚公园

位于英租界维多利亚街。不仅规模大，而且种有奇珍异草，有音乐堂、北清事变纪念碑、北清事变中缴获的大钟。夏天的时候，音乐堂会演奏音乐，多数欧美人会来此散步。

▲北清事变战没将士碑

位于英租界广东路的英国共同墓地。在团匪事变❺中战死各国士兵合葬于此。

▲俄国公园

白河左岸耸立着金光闪闪的一座塔，这就是俄国公园。园中有北清事变纪念塔。园内树木苍郁，有别有洞天之感。

▲李公祠

位于督军公署的西北窑洼、金刚桥畔。为永久表彰于光绪三十一年❶故去的北洋大臣李鸿章的功勋而下令建造的。祠堂结构美轮美奂，祠堂后建有亭榭园池，夏日到此纳凉的游客很多。

▲河北公园

位于窑洼大经路。园内设有陈列馆，展示着直隶❷省内的生产品，还汇聚了中国各地的主要物产及外国产品，值得一看。园内设施完善，并逐渐增添，使其面貌越来越焕然一新。

▲孙家花园

天津素封❸家孙氏的庭园，位于窑洼黄纬路。园内空间广阔，设有各种亭榭，很有风致。不过这个花园平时不对外开放，无法参观。

---

❶ 1905 年。
❷ 中国旧省名，省会保定。今河北省一带。
❸ 无官爵封邑而富比封君的人。

▲种植园

位于窑洼总车站东边。园内空间广阔，池水灌溉的杨柳郁郁葱葱，交相掩映。夏天泛舟池上，犹如跳出尘世一般优雅惬意。

还有祭坛寺观等，学校及其他公共设施在此做一个简要介绍。

▲天津的古迹

鼓楼❶　位于城内中央

烈女墓　位于西门外（祭祀陈、诸、裘、丁❷四位烈妇的祠堂）

清真寺　位于西门外（回族教堂）

谢公祠　位于西门外（祭祀谢公及佟公的招魂祠）❸

愍忠祠　位于闸口下溜米厂大街（漕运委员的海上遇难者祠堂）

龙庭圣庙　位于北门内（为皇帝祈祷万寿的遥拜所）

聂公祠　位于河北三条石小工桥东（祭祀团匪事变中

---

❶　明朝弘治年间（1493 年前后）山东兵备副使刘福将原来的土城固以砖石，并于城中心十字街处建鼓楼，上层楼内悬大钟。

❷　烈女祠建于清初，据说是明代遗老为怀念费贞娥而建，故祠内主祀费宫人。邻近有贞烈墓。康熙年间有四名烈女埋葬于此，叫四烈墓。至道光时又增三人，改叫七烈坟。民国五年又有南皮张氏双烈女葬入，到民国二十六年，已有坟三十座，俗名"烈女坟"。

❸　位于天津的西头永丰屯驴市口，又叫"双忠祠"，内祀 1853 年 12 月 23 日与太平军交战中战死的天津知县谢子澄和清军副都统佟鉴二人。

牺牲的聂士成❶）

马公祠 位于河北黄纬路（祭祀故去的直隶提督马玉崑❷）

天后宫 位于东门外宫北（天津古庙，元朝建立的除难神庙）

大悲庵 位于城东南角（明末玉章和尚❸组织建立）

以上所介绍的都是天津主要游览场所，此外城外还有许多值得一看的名胜古迹，在此不一一赘述。

---

❶ 聂士成（1836—1900 年），字功亭，安徽合肥北乡（今长丰县岗集镇聂祠堂）人，清朝将领。先后参与剿捻、中法战争、甲午战争、庚子之变，战功卓著，于庚子之变的天津保卫战中，中炮阵亡。清朝廷追赠他为太子少保，谥号忠节。

❷ 马玉崑（？—1908 年），字荆山（亦作景山）。出生于安徽省蒙城县，生年不详。清末著名将领。1900 年八国联军入侵，他奉命率武卫左军迎战于天津、北仓，皆不利。后护送慈禧和光绪逃往西安。1901 年还京，加太子少保衔。

❸ 不详。

第四节　天津游览的顺序

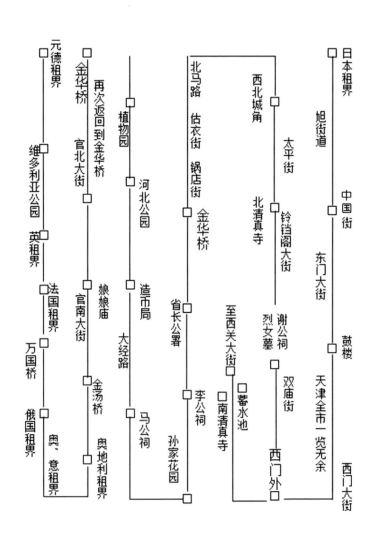

第五节　日本租界街名

秋山街、山口街、寿街、旭街、荣街、福岛街、宫岛街、松岛街、花园街、闸甲大街、大和街、吾妻街、浪速街、蓬莱街、曙街、常盘街、明石街、桃山街、新寿街、橘街等。

除上述之外，松小路、竹小路、樱小路、平安胡同、富贵胡同、天和里、天安里等小路纵横贯通。

第六节　天津的日本官公署

总领事馆　荣街

驻屯军司令部　海光寺

驻屯街步兵队　海光寺

警察署　荣街

驻屯军医院

日本邮局　旭街

陆军仓库　山口街

驻屯军宪兵部　福岛街

日本租借局　旭街

商业会议所　旭街

日本俱乐部图书馆　吾妻街

第七节　在天津的日本人经营的
主要报社、公司、商店、医院

商店、医院

横滨正金银行天津支店　英租界维多利亚街

日本邮船天津支店　法租界

大阪商船天津支店　法租界

三井物产天津支店　秋山街

三菱商事天津支店

东京建筑天津支店　寿街

同发电所　福岛街

东亚烟草天津支店

中日实业天津分行

正隆银行天津支店　曙街

天津日报　寿街

武齐杂货部　法国租界

天津银行　旭街

天津信托兴业公司　寿街

九二兄弟大药房　旭街

朝鲜银行天津支店

英文公闻报　山口街

玉井洋行　寿街

加藤洋行　旭街

松昌洋行　旭街

东亚医院　法租界西开

赤井洋行　松岛街

茨城洋行　寿街

瑞丰洋行　旭街

回生医院　旭街

义昌洋行　旭街

清水洋行　宫岛街

中裕洋行　寿街

白木东京堂　寿街

千秋医院　宫岛街

中华汇业银行天津分行

秋田洋行支店　东北城角

太平洋行　寿街

天津仓库会社　福岛街

原田汽船天津支店

井上医院　花园街

同仁医院　新寿街

幸寺吴服店　曙街

赤山工程局　芙蓉街

天津医院　寿街

山崎针灸疗治院　平义里

中东石印局　山口街

副华洋行　旭街

岩崎吴服店　寿街

弘济医院　英租界宝仕徒街

正文洋行　旭街

松本盛大堂　旭街

三友杂货行　寿街

泰和洋行　常盛街

福寿写真馆　宫岛街

日光堂　寿街

田口洋行　日本市场内

武部洋行　寿街

天津兴信所　寿街

蓬莱商行　松岛街

高盛洋行　寿街

河野写真馆　旭街

松田洋行　旭街

平林号吴服店　寿街

大连汽船天津外派所　德租界码头

中和医院　宫岛街

顺利号　橘街

爱仁医院　荣街

大仓洋行支店　山口街

德信号　旭街

西尾新七商店　常盘街

结城洋行（码头邮船公司内）

天龙洋行　荣街

富士制纸天津外派所　旭街

樫村洋行　旭街

山本写真馆　英租界维多利亚街

西原金精堂　寿街

博信堂大药房　旭街

须藤洋行　旭街

双龙洋行　旭街

住友洋行　法租界

日本棉花天津支店　法租界

茂木公司　法租界

日本共立医院　旭街

天津医院　寿街

金山洋行　寿街

中根洋行　旭街

野口商行　旭街

中村洋行　旭街

华日洋行　旭街

京津电气公司　旭街

浪花铅字局　旭街

第八节　天津的日本旅馆

常盘旅馆　寿街

大和旅馆　荣街

芙蓉馆　宫岛街

玉屋旅馆　曙街

弥生馆　松岛街

日新馆　松岛街

松岛馆　松岛街

常盘旅馆虽是和式构造，但也具备洋式的食堂、待客室等。各旅馆的住宿费用不一定，一般带三餐每位三元到八元。

其他还有外国人经营的"利顺德饭店"❶"帝国饭店"❷"皇后饭店"❸法国饭店、中日饭店，全为欧式旅馆，住宿费八元到十六元。

第九节　天津的日本料理店

敷岛　曙街

神户馆　曙街

伊丹幸　曙街

万梅　曙街

鱼新　曙街

八千代　曙街

美园　曙街

吾妻轩　曙街

---

❶ 英文为 Astor House Hotel。1863 年英国传教士开办"泥屋"饭店。1886 年，德国人德璀琳在泥屋饭店基础上建造了利顺德饭店。

❷ 英文为 Imperial Hotel，又名"裕中饭店"。建于 1922 年，坐落于天津法租界的主要街道大法国路（今解放北路 2 号）。

❸ 英文为 Queen's Hotel。不详。

中家　曙街

待霄　曙街

北京起点各线主要驿赁金表

▲京奉线

北京—天津间（三小时）
- 一等五元二角
- 二等三元二角五
- 三等一元七角五

北京—奉天间（二十多小时）
- 一等三十一元四角五
- 二等十九元六角五
- 三等十元五角

▲津浦线

北京—济南间（十二小时多）
- 一等十八元五角
- 二等十二元一角

北京—上海间（三十七小时多）
- 一等五十一元七角
- 二等三十二元八角五
- 三等十六元五角五

济南—青岛间（十小时）
- 一等日金十四元三十钱
- 二等日金七元二钱

▲京汉线

北京—汉口间（三十三小时）$\left\{\begin{array}{l}\text{一等四十三元五角} \\ \text{二等二十九元}\end{array}\right.$

▲京绥线

北京—南口间（两小时半）$\left\{\begin{array}{l}\text{一等二元四角} \\ \text{二等一元六角} \\ \text{三等八角}\end{array}\right.$

北京—青龙桥间（三小时半）$\left\{\begin{array}{l}\text{一等三元三角} \\ \text{二等二元二角} \\ \text{三等一元一角}\end{array}\right.$

北京—张家口间（六小时）$\left\{\begin{array}{l}\text{一等八元七角} \\ \text{二等五元八角} \\ \text{三等二元九角}\end{array}\right.$

北京—大同府间（十一小时）$\left\{\begin{array}{l}\text{一等十六元八角} \\ \text{二等十一元二角} \\ \text{三等五元六角}\end{array}\right.$

以上费用之外的各线路均为一等二角、二等一角、三等五仙，需交通行税。

附录：中国北部日中海陆联络概况
（附长江汽船路线）

▲北京经由朝鲜行至日本的铁路线

北京—下关间 $\left\{\begin{array}{l}\text{一等日金七十三元七十六钱} \\ \text{二等日金四十八元六十七钱}\end{array}\right.$

（六十九小时）

北京—长崎间 $\left\{\begin{array}{l}\text{一等日金七十九元六钱} \\ \text{二等日金五十一元八十五钱}\end{array}\right.$

（八十二小时）

北京—神户间 $\left\{\begin{array}{l}\text{一等日金八十二元四十六钱} \\ \text{二等日金五十三元八十九钱}\end{array}\right.$

（八十三小时）

北京—东京间 （九十六小时） $\left\{\begin{array}{l}\text{一等日金八十九元四钱} \\ \text{二等五十七元八十四钱}\end{array}\right.$

备注：因为根据金银汇率的上下浮动显著时应有增减，所以不能记入中国方面的费用。

▲经由大连海路行至日本的汽船线

天津—大连间 （三十五小时） $\left\{\begin{array}{l}\text{一等十五元} \\ \text{二等十元} \\ \text{三等五元五十钱}\end{array}\right.$

大阪商船每周两次由大连出发前往日本

162

大连—门司间（第三日）

大连—大阪、神户间（第四日）

日本邮船每十天一航由大连前往日本

大连—长崎间（第三日）

大连—门司间（第四日）

大连—神户间（第五日）

大连—横滨间（第八日）

▲天津到日本直航的汽船

日本邮船每月五航（冬期有时停航）

大沽—长崎间（第四日）{ 一等四十八元
二等三十二元

大沽—门司间（第五日）{ 一等四十八元
二等三十二元

大沽—神户间（第六日）{ 一等五十三元
二等三十六元

大阪商船每月三航

天津—门司间（第五日）

天津—神户、大阪间（第六日）

▲经由青岛到日本的汽船

天津—济南间（九小时）火车{ 汽车一等十三元三十钱
二等银八元八十五钱

163

济南—青岛间（十小时）火车 $\begin{cases} 一等日金十四元三十钱 \\ 二等日金七元二十钱 \end{cases}$

青岛—门司（第三日）

青岛—神户（第五日）

备注：在青岛与日本间有日本邮船、大阪商船、原田汽船，每五日发一次。

▲长江汽船每周六发往上海

汉口—上海间（第三日） $\begin{cases} 一等五十元 \\ 二等三十元 \\ 官舱十二元 \end{cases}$

上海至汉口间的溯江，也有每周发六次以上的航船。

第七章　中国邮递规则

类别	普通邮递 书信（每20克）	普通邮递 明信片（每15克）	报纸 往返明信片 明信片	报纸 数张或一张	书籍及其他印刷物 100克内	250克内	500克内	1000克内	2000克内	广告 每100张	商品小样 100克内	250克内	350克内	挂号信 邮局领取	挂号信 交给本人	快信
中国内地（第一资）其局管辖内	1仙	1仙	每100g 5厘	5厘	1仙	2仙	4仙5厘	7仙5厘	15仙	10仙	1仙	2仙	4仙	5仙	10仙	10仙
中国内地（第二资）各邮局间	3仙	1仙5厘	每5g 5厘	5厘	1仙	2仙5厘	5仙	7仙5厘	15仙	10仙	2仙	5仙	10仙	5仙	10仙	10仙
国外（第三资）各国	10仙	4仙	8仙	每5g 2仙	每50g 2仙						每50g 2仙			10仙	20仙	20仙
国外（第四资）日本　关东　青岛　朝鲜		3仙	1仙5厘	每75g 5厘	每112g 2仙						每112g 2仙			7仙	10仙	20仙
国外（第五资）香港　威海卫　澳门　刘公岛	4仙	1仙5厘	3仙	每50g 2仙	每15g 2仙						每15g 2仙			10仙		20仙

（中国）邮政规则

重量换算：15克为4钱2厘　20克为3钱6分　50克为3钱3分4分　100克为2钱6分8分　500克为1钱3分4钱　2000克为2钱8钱

表7-1　邮政规则

类别 / 重量	普通邮递				书籍及其他印刷物					广告	商品小样			挂号信		快信
	书信 每20克	明信片 每15克	往返明信片	报纸 数张或一张	100克内	250克内	500克内	1000克内	2000克内	每100张	100克内	250克内	350克内	普通邮递费用以外 邮局领取	交给本人	
重量：15克为4钱2厘／20克为5钱3分6厘／50克为13钱6分4分／100克为116钱8分／500克为134钱／2000克为268钱																
中国内地（第一资）其局管辖内	1仙	1仙	2仙	每100g5厘	5厘	1仙	2仙	4仙	7仙5厘	10仙	1仙	2仙	4仙	5仙	10仙	10仙
中国内地（第二资）各邮局间	3仙	1仙5厘	3仙	每5g5厘	1仙	2仙5厘	5仙	7仙5厘	15仙	10仙	2仙	5仙	10仙	5仙	10仙	10仙
国外（第三资）各国	10仙	4仙	8仙	每5g2仙	每50g2仙						每50g2仙			10仙	20仙	20仙
国外（第四资）日本　关东　朝鲜　青岛	3仙	1仙5厘	3仙	每75g5厘	每112g2仙						每112g2仙			7仙	10仙	20仙
国外（第五资）香港　威海卫　澳门　刘公岛	4仙	1仙5厘	3仙	每50g2仙	每15g2仙						每15g2仙			10仙	20仙	

一、蒙古内外的邮税

甲　仅限蒙古内地的邮件，发信人除支付上表中第一资的金额外，还需支付挂号邮件费用，单程五仙，往返十仙。

乙　蒙古与各省间的邮税，书信每二十克，征收第二资邮税的三倍，每增加二十克，则需缴纳第二资邮税的双倍价格。不足二十克零头的也同样征收。明信片单程四仙，往返八仙。报纸是第二资的三倍，挂号费用单程十仙，往返二十仙。

丙 蒙古与其他省份的往来书籍、印刷物品、赠品、样品等各类邮件，都会经由张家口。每件重量十克以内的包裹以此为准，且挂号费用与乙项相同。

丁 西伯利亚经由蒙古往来的邮件费用均以第三资为依据。

二、新疆省内外邮件以下列为准

甲 新疆省内邮件费用是第二资费用的二倍，挂号费单程五仙、往返十仙。

乙 新疆与各省往来邮件经甘肃转送。每二十克支付第二资的三倍费用，超过部分每二十克支付二倍，零头不满二十克与二十克相同。挂号费用单程十仙、往返二十仙。

丙 新疆与其他各省往来的明信片经由甘肃。邮费单程四仙、往返八仙。挂号费与乙项相同。

丁 新疆与其他各省往来的报纸经由甘肃。费用为第二资的三倍，挂号费用与丙相同。

戊 新疆同其他各省往来的书籍、印刷品及样品等重量小于一千克会经由甘肃。每二百五十克需缴纳三十仙，挂号费与丁相同。

第八章　北京日本人旅馆协会规章

高等
御旅舘
東單牌樓大街
扶桑舘
電話東局（六十三九十三號號）

本指南第四章第四项日本旅馆内容中的住宿费是根据大正九年12月❶调查的数据记录，之后由于本规章确立，将在全文末尾对之前内容进行统一修正。

规章如下。

一、住宿费及餐费

松尾家旅馆（住宿一晚带三餐）　住宿费：特等房间三鹰洋五十仙，中等房间三鹰洋。临时用餐：早餐五十仙，午餐一鹰洋，晚餐一鹰洋五十仙。

一声馆（住宿一晚带三餐）　住宿费：特等房间四鹰洋，中等房间三鹰洋。临时用餐：早餐七十仙，午餐一鹰洋，晚餐一鹰洋五十仙。

一二三馆（住宿一晚带三餐）　住宿费：特等房间六鹰洋，中等房间五鹰洋。临时用餐：早餐一鹰洋二十仙，午餐一鹰洋五十仙，晚餐两鹰洋。

扶桑馆（住宿一晚带三餐）　住宿费：特等房间八鹰洋，一等房间七鹰洋，中等房间六鹰洋。临时吃用餐：早餐一鹰洋五十仙，午餐两鹰洋，晚餐两鹰洋五十仙。

二、外来客人客居前来投宿此地的客人，住宿费为两鹰洋，妇人同上。

---

❶　1920 年。

三、附属商品

麦酒五十仙、酒三十五仙、汽水三十仙、碳酸饮料三十仙、烟草（敷岛十五仙、朝日十二仙）。

四、住宿客人未支付住宿费用而中途转宿他家旅馆者，会向协会进行报告。

五、协会旅馆因故解雇店员及女佣后可相互进行雇用。

六、住宿费及商品价格可擅自更改。

七、协会每年春秋（二月、八月）两次在轮流当值的旅馆进行集会，商讨、计划交流事宜。

八、协会之家如有红白喜事之时，要相互之间亲如一家，互相扶持，协力发展。

大正十年❶十一月协定

---

❶ 1921 年。

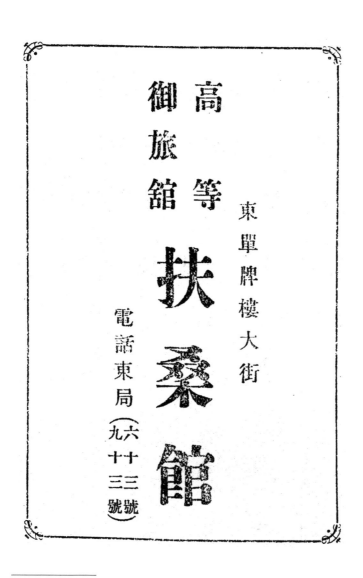

高等
御旅館
東單牌樓大街
扶桑館
電話東局（九六十三號）

旅馆广告。

東洋一の大ホテル

西暦千九百拾五年創業客室總計百八
十◎八層の大建築◎敷地凡二千五百
三十尺◎歐米最近式事務完備各室共
化粧浴室附◎玄關前に私設公園四季
の草花散步隨意◎每列車ステーショ
ン送迎用自動車出張◎佛國人監督料
理熟達別席宴會設備完全

當店二八日本人店員アリ日本人顧
客二對シ特別御便宜相計リ可申候

北京東長安街
グランドホテル、デ、ベ、キン
總支配人 エル、エム
歐文電略 GRAND HOTEL
電話東局 三一五一・三一五二・五八一
三五五三・三二五〇

大饭店广告。